KÖLSCH STORY

FRANZ MATHAR & KH SCHRÖRS

KÖLSCH STORY

Die Geschichte des kölschen Brauwesens

Mit einem Vorwort von
Heinrich Becker

und einem Beitrag von
Prof. Dr. Wolfgang Schmitz

EMONS

Gestaltung: Eva Kraskes, Köln
Druck und Bindung: Druckhaus Köthen, Köthen
Printed in Germany 2003
ISBN 3-89705-312-8

www.emons-verlag.de

Inhalt

Anhang

Vorwort

Kölsch, das ist einerseits die Sprache der Menschen in Köln, aber gleichzeitig auch das Bier, das diese so gern trinken. Beides ist miteinander verbunden und Identifikationsmerkmal für alle, die hier leben. Über beides gilt es zu berichten, über die Menschen und über ihr Lieblingsgetränk, das obergärige Kölsch. Dieses traditionsreiche Getränk hat sich in den letzten Jahrzehnten zu einem echten kulinarischen Markenartikel entwickelt, der in der vielfältigen deutschen Bierlandschaft seinen festen Platz hat. Doch wie, wann und wo entstand dieses heute so beliebte Bier und wer waren seine Väter? Biertrinken und -brauen begann bereits zur Zeit der Kelten und Germanen, also um die Zeitenwende. Damals herrschten am

Rhein die Römer, die den Wein bevorzugten und diesen hier kultivierten, doch auch das Bier war schon bekannt und beliebt und setzte sich nach dem Abzug der Römer immer mehr durch. So regierte neben dem Weingott Bacchus auch stets Gambrinus, der Gott des Bieres, und es entstand im Rheinland eine Bierkultur, die Jahrhunderte währen sollte. Gambrinus oder Bacchus war nie die Frage, beide hatten ihren Platz, ohne sich gegenseitig in die Quere zu kommen – man trank eben Bier und Wein, je nach Geldbeutel und Gelegenheit. Denn die Rheinländer wissen beides zu schätzen, und so dominiert hier mal das eine, mal das andere. Am Kaiserstuhl, in der Pfalz und am Mittelrhein ist es der Wein; ungefähr in Koblenz beginnt dann wieder so langsam das Bierland, in dem neben dem am Mittelrhein und an der Ahr erzeugten Wein immer mehr Obergäriges getrunken wird, je näher man der rheinischen Metropole Köln kommt. Denn die bekannteste Bierstadt am Rhein, das ist – ohne den Düsseldorfern zu nahe treten zu wollen – die Domstadt Köln, Heimat des Kölschs. In Hunderten Kneipen und Brauhäusern fließt heute hauptsächlich Kölsch durch die durstigen Kehlen. Das Getränk, das früher einmal vor allem für die einfacheren Schichten der wohlverdiente Lohn für schwere Tagesarbeit war, ist heute Identifikationsgetränk und Genussmittel für die gesamte Bevölkerung der Region geworden. Über seine Geschichte und Entwicklung, seine Herstellung und seine kulturelle Bedeutung für die Menschen, die in und um Köln leben, berichtet dieses Buch in Wort und Bild. Dies ergibt ein Kaleidoskop von Geschichten und der Geschichte Kölns, geschrieben, gesammelt und illustriert von zwei »echten« Kölschen, dem Herausgeber und Autor Franz Mathar und dem Cartoonisten KH Schrörs, die ihren Senf – oder wie man im Rheinland sagt – ihren Mostert zu allem geben, was mit Köln und dem Kölsch zu tun hat.

Heinrich Becker,
Vorsitzender des Kölner-Brauerei-Verbandes e.V.

Im Anfang war das Urbier

hopfen und Malz – Gott erhalt's! Dieser alte Brauerspruch soll auch am Anfang dieser Einführung ins Thema Bier stehen, obwohl er in dieser Form erst seit dem 15. Jahrhundert seine Gültigkeit hat. Das Ur-Bier, der natürlich gegorene Getreidesaft, ist viele Jahrtausende älter. Als kulturelle Errungenschaft des Menschen hat er nachweislich bereits im Zweistromland, dem Gebiet zwischen Euphrat und Tigris in Vorderasien, Bekanntheit genossen. Bier war Genuss- und Nahrungsmittel, das aus den vorhandenen Rohstoffen, ersten primitiven Gersten- und Weizensorten, hergestellt wurde.

Der Prozess ist denkbar einfach. Brotfladen wurden eingeweicht und vergoren. Das Resultat war ein trübes alkoholisches Getränk, das durch Rohre aus Krügen getrunken wurde. Der Rest des ungefilterten Getränks blieb so in den Krügen zurück. Die Luftgärung entstand durch das Vorhandensein von Keimen im Fladenbrot und Bakterien in der Luft. Erstes schriftliches Dokument über das Brauen findet man im Louvre in Paris. Es sind einige 6.000 Jahre alte Tontäfelchen, gefunden von einem Herrn Bleu (Blau) in Mesopotamien, dem Gebiet des Sumerer-Reiches. Auf ihnen ist festgehalten, wie das Bier, das der Fruchtbarkeitsgöttin Nin-Harra geopfert wurde, zu brauen war. Nin-Harra gilt so, nicht zu Unrecht, als erste Göttin des Bieres. Auch erste Gewürz- und Geschmackstoffe wie Zimt und Honig wurden bereits von den Sumerern dem Bier beigemischt. Den Sumerern folgten im 2. Jahrtausend v. Chr. die Babylonier, bekannt aus dem Alten Testament. Dieses hochbegabte Volk, Erfinder vieler heute noch gültigen zivilisatorischen Errungenschaften, perfektionierte auch das Brauwesen bis in die kleinsten Einzelheiten. Es gab 20 verschiedene Sorten Bier aus Gerste, Weizen und einer Mischung aus beiden Getreidearten. Es gab strenge Schankverordnungen und medizinische Anwendungen. Nach wie vor war aber auch die Verwendung des berauschenden Getränkes bei allen religiösen Handlungen einer der Gründe zur

Herstellung dieses uralten Trankes. Wie prägend die Erfindung des Bieres für die Entwicklung der Menschheitsgeschichte ist, zeigt eine 4.000 Jahre alte Wortstafette, die aus der Zeit der Babylonier bis in unseren heutigen Wortschatz reicht. Die Babylonier nannten ihr Bier *sikaru*. Als die biblischen Hebräer in die Babylonische Gefangenschaft geführt wurden, übernahmen sie das Getränk und nannten es *shekar*. Dieses Wort bedeutete in der hebräischen Sprache »berauscht« sein. *Shekar* (oder *shikar*) fand als jiddisches Lehnwort seinen Weg in unsere Umgangssprache als »schicker« sein, wenn jemand ein Glas zu viel getrunken hat.

Die nächste Station in der allgemeinen Biergeschichte führt nach **Ägypten in die Zeit der Pharaonen**. Diese kultivierten das von den Babyloniern übernommene berauschende Getränk zu einer bis dahin noch nie gekannten Blüte. Auf umfangreichen Wandmalereien findet man die Wiedergabe eines gesamten Brauprozesses, von der Herstellung der Krüge bis zum fertig vergorenen Bier. Es gab Normalbiere (Zythos) und Starkbiere (Dizythos), es wurde mit Safran gefärbt und mit Honig und Anis gewürzt. Arm und Reich tranken es, und selbst Sklaven erhielten ihre Tagesration von zwei Krügen. Bier war Sold für das Militär, Arbeitslohn, Kulttrank und Grabbeigabe. Später erhob die Regierung, auch das eine Novität, die erste Biersteuer der Geschichte, um der allgemeinen Trunksucht Herr zu werden. Böse Zungen behaupteten schon damals, das Geld habe lediglich dazu gedient, neue Pyramiden zu errichten. Griechen und Römer konnten dem Bier nicht so viel abgewinnen, wie man aus den abfälligen Kommentaren ihrer Geschichtsschreiber ersehen kann.

MAL SEHEN - SO EIN KRUG MUSS JA SCHLAG UND WASSERFEST SEIN!
ALSO - ERST MAL DAS GANZE KORN ERNTEN ... VIEL LÄUFEREI.
WENN DIE VÖGEL NICHT ALLES WEGGEPUTZT HABEN - WEIZEN MIT WASSER IN GE-EIGNETES GEFÄSS GEBEN - ERHITZEN!
QUELLEN LASSEN - GUT UMRÜHREN! ANSTRENGEND. KÖNNTE MICH ERHÄNGEN.
UMGERÜHRTEN BREI IN KRÜGE FÜLLEN - WARTEN! ....
...GÄREN LASSEN. BAKTERIEN UND LUFT FÖRDERN DEN GÄRUNGSPROZESS.
BRING ER UNS NOCH ETWAS SHIKAR!

Dafür liebten die **Kelten und ihre germanischen Nachbarn** den Gerstensaft umso mehr. Um die Jahrtausendwende verbreitete sich das Bier besonders in Zentral- und Mitteleuropa. Die Germanen übernahmen es von den Galliern (Kelten), und die germanischen Hilfstruppen des Julius Caesar brachten es nach England. Der römische Geschichtsschreiber Cornelius Tacitus, der im 1. Jahrhundert n. Chr. lebte, beschreibt aus seiner hochkultivierten römischen Sicht die primitiven Trinkgelage so:

> *»Sie liegen auf Bärenfellen und trinken aus großen Trinkhörnern den mit Honig versetzten Meth oder Bier. Sie können Hunger und Kälte leicht ertragen, aber nicht den Durst.«*

DER SCHLUMMERTRUNK

AARROH

Im **germanischen Götterhimmel Wotans** war die himmlische Braumeisterin Frigga für die Getränke zuständig. Sie kann man als die Vorkämpferin einer jahrhundertelangen Herrschaft der Frauen am heimischen Braukessel ansehen, denn das Brauen war damals Frauensache. Zur Aussteuer einer jeden heiratsfähigen Germanin gehörte ein Braukessel. Das Getränk, das sie brauten, wurde mit allerlei Kräutern, Rinden und Beeren gemischt. Diesen für ihre feinen Gaumen diabolischen Trank nannten die Römer *cervisia*, verachteten ihn aber als barbarische Entgleisung. Die historische Tat der germanischen Braumeisterinnen war die erste Schaumkrone auf dem Bier, für das sie gemälztes Getreide verwendeten, anstatt gebackenes Brot zu vergären.

Mit der **Ausbreitung des Christentums nördlich der Alpen** begann der Siegeszug des Bieres als Nahrungsmittel und Volksgetränk. Zu Beginn des Mittelalters waren es die Mönche, als einige wenige des Lesens und Schreibens mächtig, die sich um die Entwicklung der Braukunst und ihre Verbreitung verdient machten. Der Mann allerdings, der das Bierbrauen in unseren Landen erstmals organisatorisch in Schwung brachte, war Karl der Große. Er legte in den so genannten »Capitularien« gesetzlich die Anzahl der Brauereien fest und wie die Ausbildung der Brauer, Anbau und Bereithaltung der Rohstoffe, Qualität und Quantität der Biere zu sein hatten. Diese Anordnungen galten für den karolingischen Herrschaftsbereich, der sich

beinahe auf das gesamte westliche Europa erstreckte. Das Eigeninteresse der Mönche an dem zunehmend trinkbaren Gerstensaft als Bereicherung der oftmals tristen Klosterkost und als flüssige Fastenspeise wuchs, und der Mönchsbräu gewann mehr und mehr Ansehen und Reputation und wurde für das allgemeine Braugewerbe beispielhaft. Als besondere Vorbilder galten die Benediktiner-Abteien St. Gallen in der heutigen Schweiz und Weihenstephan bei Freising.
Im Klosterplan von St. Gallen von 814 sind die umfangreichen speziellen Brauanlagen, die für den Konsum der zahlreichen Pilger und für den Eigenbedarf sorgten, deutlich zu erkennen.

Um die Jahrtausendwende hatte das Braugewerbe schon einen beachtlichen Standard erreicht, der das Bier allgemein zu einem ernst zu nehmenden Wirtschaftsfaktor machte. Überall in den Städten und Dörfern entstanden mehr oder minder große Brauereien, die für den Eigenbedarf und die Nachbarschaft brauten. Auch diese profitierten vom Fachwissen der Mönche, welches diese auch dem »einfachen Volke« zugänglich machten.

WAS MAG DENN DA OBEN IM KLOSTER VOR SICH GEHEN?
DIE FASTEN GERADE!

Auch **in den wachsenden Städten** entwickelte sich das Braugewerbe im Laufe der folgenden Jahrhunderte vom kleinen familiären Bräu für den Eigenbedarf und die Nachbarschaft nach und nach zu professionellen Strukturen, die sich in Zünften und Bruderschaften manifestierten. Das Jahr 1396 eröffnete aufgrund seiner politischen Auswirkungen durch die Ausstellung des »Verbundbriefes« den Kölner Bürgern neue Freiheiten und den Brauern erhebliche wirtschaftliche Entwicklungsmöglichkeiten. Auch das Bier entwickelte sich weiter, das »Gruitbier« musste dem »Hoppebier« (Hopfenbier) weichen. Bereits lange Zeit vor der Einführung des Hopfens in die Bier-Herstellung hatten die Ordensleute Albertus Magnus und Hildegard von Bingen wissenschaftliche Studien über die heilsame Wirkung der Hopfenpflanze angefertigt, doch es dauerte bis zum Beginn des 15. Jahrhunderts, bis das Brauen von »Hoppebier« sich auch in Köln und im Rheinland durchsetzte.

Der Weg des Hopfens, einer uralten Kulturpflanze, ins Bier ist rätselhaft und liegt weitgehend im Dunkeln. Wahrscheinlich kam er aus dem slawisch-asiatischen Raum nach Mitteleuropa. Heute wird er fast ausschließlich zum Brauen verwendet. Die Lupulinkörner an den weiblichen Blütenstauden enthalten einen Wirkstoff, der für das feine Bitteraroma sorgt, die Haltbarkeit erhöht und den Schaum stabilisiert. Außerdem hat er eine antiseptische Wirkung, die Erreger abtötet und deshalb auch in der Medizin Verwendung findet. Pflanzte man früher in fast ganz Deutschland Hopfen an, so konzentriert sich der Hopfenanbau heute hauptsächlich auf die Hallertau in Franken und das Gebiet um Tettnang am Bodensee. Auch im benachbarten Tschechien, in der Gegend von Saaz, wird schon seit langem intensiv Hopfen kultiviert. Am 23. April 1516 verkündete der bayerische Herzog Wilhelm IV. seinem Lande Bayern ein Reinheitsgebot für das Brauen von Bier, das besagt, dass Bier nur aus Hopfen, Gerstenmalz, Wasser und Hefe gebraut werden darf. Dieser Erlass gilt als das älteste Lebensmittelgesetz der Welt. Die deutschen Brauer übernahmen später insgesamt dieses Reinheitsgebot und verpflichteten sich, trotz massiver Angriffe aus dem Ausland, an dieser Vorschrift festzuhalten. Gerade heute, in einer Zeit der zunehmenden ökologischen Sensibi-

lisierung unserer Bevölkerung, ist der Verbraucher dankbar, wenn eine ganze Branche ihm die absolute Garantie gibt, dass ihr Produkt frei von chemischen Zusatzstoffen und Malzersatzstoffen bleibt. Auch das Kölsch erfüllt natürlich alle diese strengen Kriterien und gilt auch sonst als eines der besten Biere im Lande. Nicht nur wie seit dem Jahre 1516 im schönen Bayern, sondern auch in der Stadt Köln hat Qualitätskontrolle schon eine lange und stolze Tradition. Denn bereits hundert Jahre früher, im Jahr 1412, erließen der »Rat der Stadt Köln und seine 44 Gaffelfreunde« eine offizielle Ratsverordnung, nach der die Kölner »Hoppe (Hopfen)-Brauer« nur bestes Gerstenmalz verwenden durften. Auch die Menge Bier, die von diesem Malz gebraut werden durfte, wurde genau festgelegt.

Vier Ingredienzien sind die Grundbestandteile eines guten Bieres. Als Erstes kommt das Malz. Es gibt dem Bier den Gehalt an Alkohol und die Geschmacksfülle. Es wird im Allgemeinen aus Brau-Gerste oder aus Weizen hergestellt. Die im Getreide enthaltene Stärke wird in Zucker umgewandelt, der später im Bier teils in Alkohol, teils in Kohlensäure vergärt wird. Beim Mälzen lässt man mit Wasser befeuchtetes Getreide keimen, wobei die Umwandlung der Getreidestärke in Zucker vorbereitet wird. Das so gewonnene »Grünmalz« wird dann geröstet oder, wie die Fachleute sagen, »gedarrt«. Beim »Darren« entscheidet sich, ob das Bier später heller oder dunkler wird, je nachdem wie dunkel oder hell das Malz »geröstet« ist. Das Braumalz fertigten die meisten kleinen Bierbrauer früher selbst, im Gegensatz zu heute, wo es in einigen wenigen Großmälzereien in großen Mengen hergestellt wird. Das Malz wird geschrotet und mit dem zweiten Bestandteil, dem Brauwasser, in großen Kesseln gekocht, wobei sich die Stärke in Zucker wandelt. Diese Mischung heißt »Maische«, aus ihr werden nach dem Erhitzen die ausgekochten Getreidereste (Spelzen) ausgefiltert, und die Maische wird zur Würze. Nun kommt der dritte wichtige Bestandteil hinzu, der Hopfen. Die »Würze« mit dem zugefügten Hopfen wird gekocht, wieder gefiltert und dann abgekühlt. Der vierte Bestandteil, die Hefe, welche die Brauart bestimmt und das Bier gären lässt, macht die vier Komponenten komplett. Bei der Gärung wird ein Teil des Zuckers in Alkohol und in Kohlensäure umgewandelt, und er beschert die schöne Schaumkrone auf dem Bier. Die moderne Brautechnik ist zwar heute in vielen Details anders als zur Zeit der Hopfeneinführung vor 500 Jahren, doch die obergärige Brauart ist bis heute gleich geblieben. Obergärig gebraut, das heißt, dass sich die Brauhefe beim Gärprozess im Gärbottich (oder im Gärtank) an der Oberfläche absetzt und abgeschöpft wird, wohingegen sie bei der untergärigen Brauart auf den Boden absinkt und das Bier abgepumpt wird, um, bei beiden Brauarten, dann in den Lagertanks in Ruhe zu reifen. Ist der Reifeprozess abgeschlossen, wird das Bier gefiltert und in Fässer, Flaschen oder Dosen abgefüllt. Der hier geschilderte Brauprozess klingt zwar einfach, beinhaltet aber viel Raum für Variationen und Veränderung der Dosierungen: Die deutschen Brauer stellen mehr als 4.000 verschiedene Biere her, von denen jedes für sich Eigenständigkeit und geschmackliche Alleinstellung in Anspruch nimmt. Hierbei spielt die so genannte Stammwürze eine große Rolle. Sie bezeichnet die Konzentration der Stärke des Würzegehaltes vor dem Vergären und bestimmt später den Alkoholgehalt des Bieres. Man unterteilt die Biere in folgende Kategorien: Einfach-Bier mit 0,5 bis 1,5 Prozent, Schankbier mit 0,5 bis 2,6 Prozent, Voll-Bier mit 3,0 bis 4,5 Prozent und Starkbier mit 5,0 bis 10,0 Prozent Alkoholgehalt. Die Voll-Biere beherrschen den Markt und machen mit 99 Prozent Marktanteil die größte Gruppe der deutschen Biere aus. Deutschland ist von Nord nach Süd ein einziges Bierparadies: herbfrisches Pils aus dem Norden und prickelndes Bremer Kreusen, Berliner Weiße, Leipziger Gose, Einbecker Ur-Bock, feinherbes Pils und Export, obergäriges bernsteinfarbenes Alt vom Niederrhein und obergäriges helles Kölsch aus Köln, frischherbes Hefeweizen aus Bayern, Münchner Märzen, Rauchbier aus Franken und Kulmbacher Eisbock.

1
2
3
4
5
6
7
8
9
SO WIRD'S GEMACHT

1 Auf der Tenne werden die Malzsäcke gelagert.

2 Die Malzwaage wiegt die benötigte Menge für einen Sud ab.

3 In der Schrotmühle wird das Malz zum Maischen zerkleinert.

4 Im Maischbottich wird das geschrotete Malz in Wasser eingeweicht.

5 Danach kocht die Maische in der Maischpfanne.

6 Im Läuterbottich wird die Maische geklärt.

7 In der Würzpfanne gibt man nun dem Sud den Hopfen zu.

8 Im Würzekühler wird die Flüssigkeit abgekühlt.

9 Im Gärbottich löst die Bierhefe die Gärung aus.

10 Das junge Bier reift im Lagertank heran.

11 Dann wird das noch trübe Bier gefiltert.

12 Im Drucktank beginnt die Endreife.

13 Dann wird das fertige Bier in Fässer abgefüllt.

Die Entwicklung des Bieres vom Urbier der Babylonier zum Kölsch von heute

4000 v. Chr.	Das Urbierrezept der Babylonier – Sikaru
2000 v. Chr.	Die Biersorten der alten Ägypter
um 1000	Germanisch-keltische Bräusorten
um 800	Die Klosterbiere von St. Gallen
1. H. d. 12. Jh.	Das Gruitbier (obergärig) – Köln
ab 1387	Hopfenbier – England, Westeuropa, Köln
ab 1430	Keutebier (Weizen), Gelbbier – Köln
ab 1482	Rotbier (dunkles, starkes Hopfenbier)
um 1500	Wechsel vom Weizen zum Gerstenbier
um 1700	Dollbier (untergäriges Bier) – Köln
ab 1700	Kräuter- und Mauritzbier (obergärig) – Köln
um 1800	Steckenalt (obergärig) – Rheinland
	Brung (trübes Alt) – Niederrhein
	Jung (obergärig) – Köln/Niederrhein
	Knupp (untergäriges Bier) – Köln
	Halv un Halv (ober- und untergärig verschnittenes Bier) – Köln
ab 1800	Wiess (trübes, ungefiltertes Kölsch) – Köln
um 1870	Surrogate (Ersatzstoffe im Bier) – Köln
ab 1880	Pilsener-, Export-, Lager-, Bockbier – Mitteleuropa
ab 1900	Echt Kölsch kristall (filtriertes Bier) – Köln
1945–1948	Hopfenblume, Gäschtesrüh, Molkebier (Bierersatz) – Köln
bis dato	Das Kölsch von heute (obergäriges Vollbier) – Köln/Rheinland

Zeittafel

Die Geschichte einer so traditionsreichen Bierstadt wie Köln lässt sich in ihrer Vielfalt am besten anhand einer zeitlich geordneten Übersicht der historischen Daten und Fakten nachvollziehen. Dabei eröffnen sich Themen und Fragen, die einen tieferen Einstieg in die Materie lohnen, denn erst die geschichtlichen Hintergründe machen den kölschen Bierkosmos komplett. Daher ergänzen Einschübe zu wichtigen Persönlichkeiten und Themen rund ums Kölsch die folgende Zeittafel. Ausgehend vom römischen Köln über die hohe Blütezeit im Mittelalter, die reichsstädtische Zeit mit ihrem Zunft- und Gaffel-Regiment, die Auswirkungen der Französischen Revolution und die anschließende technische Revolution mit ihren bahnbrechenden Erfindungen, die Kaiserzeit und Preußens Gloria, die beiden Weltkriege und die totale Zerstörung Kölns zum Ende des Zweiten Weltkrieges gelang dem Kölsch in der zweiten Hälfte des letzten Jahrhunderts der große Durchbruch zu einer anerkannten nationalen Biersorte. Getragen von der Liebe der Kölner zu ihrem Bier und der unverwechselbaren Kölner Brauhaus-Kultur mit ihren zahlreichen originellen Eigenheiten zieht es die Gäste von nah und fern in die gemütlichen Brauhäuser und kölschen Kneipen. Denn das obergärige Kölsch schätzt man von Sylt bis Südtirol und von Berlin bis ins benachbarte Belgien, obwohl man auch besonders hier über eine reichhaltige Bierpalette verfügt.

Inhaltlich stützt sich die »Zeittafel«, neben vielen anderen Quellen, vor allem auf die Veröffentlichungen des Historikers Prof. Dr. Joseph Klersch, der mehrere Beiträge zur Geschichte des Kölschs veröffentlicht hat. Besonders erwähnt sei hier seine Festschrift »Köln und sein Bier 1396–1946«, herausgegeben vom Kölner Brauerei-Verband e.V. zur 550-Jahrfeier der St. Peter von Mailand Bruderschaft am 26. September 1946 und seine Veröffentlichungen im »Alt-Köln«.

0015 Agrippina, die Tochter des römischen Feldherrn Germanicus, wird in Köln geboren. Ihre Mutter Agrippina die Ältere stammt in direkter Linie vom mächtigen Kaiser Augustus ab, ihr Bruder war der spätere Kaiser Caligula. Agrippina gilt als die Gründerin Kölns, denn sie hat Köln zur *oppidum ubiorum* und zur römischen Kolonie ernennen lassen. Die Stadt trägt seitdem den Namen »Colonia Claudia Ara Agrippinensium«. Die römischen Wurzeln prägen noch zweitausend Jahre später den architektonischen Grundriss Kölns. Viele Zeugnisse aus dieser Zeit kann man in Kölner Museen besichtigen, vor allem im umfangreichen Römisch-Germanischen Museum am Roncalliplatz.

0800 fördert Kaiser Karl der Große die Klosterbrauer und damit das erste professionelle Brauen. Denn die des Lesens und Schreibens kundigen Mönche sind die Einzigen, die über genügend Zeit und Wissen verfügen, die Kunst des Bierbrauens weiterzubringen. Karl der Große schickt die Mönche in seinem Reich umher und lässt sie den Brauern auf seinen Gütern und in den Städten die fachgerechte Herstellung von Bier vermitteln. Viele Klöster in Köln brauen auch ihr eigenes Bier. Die Franziskaner etwa brauen im »München(Mönchs)-Brauhaus« an der Stelle, wo heute das Museum für Angewandte Kunst an der Rechtschule liegt. Die Nonnen vom vornehmen Orden der »Weißen Frauen« brauen in ihrer Kloster-Brauerei am Blaubach. Die letzte Klosterbrauerei der Alexianer befindet sich in der Wolkenburg. Sie wird erst im Jahr 1910 geschlossen.

Kaiser Karl der Große, Initiator der ersten professionellen Brauereien

Der Kölner Chronist, Brauer und Politiker Wilhelm Scheben berichtet im Jahr 1880 in seinem Werk »Die Zunft der Brauer in Köln« über die Rolle Karls des Großen bei der Entwicklung und Förderung des Brauwesens. Er hält fest, dass Karl der Große in seinen Verordnungen über die Bewirtschaftung der damaligen Höfe, den »Capitulare Caroli Magni de villis«, unter anderem von Brauern spricht, die Bier-, Äpfel- und Birnenmost wie andere Getränke verfertigen sollten, dass jedoch weder in der »Lex Salica« noch in irgendeinem anderen Erlass ein Hinweis über die Verwendung von Hopfen beim Brauen zu finden sei. In einem Schenkungsbrief des Vaters, des Königs Pipin, an die Abtei St. Denis aus dem siebzehnten Jahre seiner Regierung, also im 8. Jahrhundert, solle jedoch sehr wohl schon »Humlonariae cum integritate« vorkommen.

Auch in dem Polytichon des Abtes Irmino von St. Germain, das den ersten Jahren des 9. Jahrhunderts angehört, also noch zu Lebzeiten Karls des Großen verfasst wurde, würden Zinsabgaben von Hopfen (*humulo*, *humelo* und *humlo*) erwähnt. Außerdem sei bekannt, dass Kaiser Karl der Große Mönche im Land umherschicke, also gebildete Leute, die den Verwaltern seiner Güter Unterricht im Bierbrauen erteilten. In dieser Zeit scheint also erstmals professionell und systematisch betrieben Bier gebraut worden zu sein. Im Kloster St. Gallen, in der heutigen Schweiz gelegen, befindet sich ein weiterer Nukleus der christlich-abendländischen Brauhistorie. Hier am Fuße der Alpen in unmittelbarer Nähe des klimatisch bevorzugten Bodensees verfeinerten die Mönche die damalige Braukunst zu fast perfektem Standard.

Albrecht Dürer: Karl der Große

St. Gallener Bier war ab dem zehnten Jahrhundert weithin berühmt. Drei Sorten wurden hergestellt: »Celia« hieß das kräftige Starkbier, das manchmal aus Gerste, manchmal aus Weizen und oft aus beidem bestand. Es war vorrangig für den Abt, andere hohe Herren und vornehme Gäste bestimmt. Aber auch die Mönche tranken es. »Cervisa« (eigentlich »Cerevisia«) war ein Haferbier für Mönche und Pilger. Es wurde den ganzen Tag über getrunken. Um neun Uhr jedoch erinnerte es als »Cerevisia nonalis«, als Neun-Uhr-Bier, an die neunte Stunde, da Christus durstig am Kreuze hing. »Conventus« hieß der dünnere Absud von dem Rest der Würze der stärkeren Biere, dem frisches Hafermalz beigemischt wurde. Das Getränk bekamen das Klostergesinde und die Bettler. Allerdings ist nicht sicher, ob dieses dünne Bier in St. Gallen schon den Namen »Conventus« trug. In vielen Klöstern wurde diese Bezeichnung erst später benutzt.

1164 werden die Gebeine der Heiligen Drei Könige feierlich nach Köln überführt und auf dem Domhof in Empfang genommen. In der Liste der Buden, die zu diesem Anlass auf dem Domhof errichtet werden, findet man auch einen Brauer.

1170 ist Ezelinus bruere als der älteste bezeugte Kölner Brauer in den Schreinsbüchern, den Grundbüchern der Stadt Köln, verzeichnet, die es etwa seit dem Jahre 1000 gibt; er und seine Frau Wendelmut kaufen zu dieser Zeit ein halbes Haus im Stadtteil Niederich. Es ist das erste Mal, dass die Berufsbezeichnung Brauer in deutscher Sprache verwendet wird.

1
TESTLAUF...
AUF DIE PLÄTZE-
FERTIG-
LOS!
1180
2
WOMM
3
4
ALLES KLAR...
..HÄLT!

1180 ist das Jahr des Baubeginns der neuen (dritten) Stadtmauer, die Köln für viele Jahrhunderte zur uneinnehmbaren Festung macht. Bewacht wird sie von einer städtischen Miliz, die aus Bürgern, verstärkt durch Söldner (Funken), gebildet wird. Im Kriegsfall ist die Miliz in der Lage, binnen zwei Stunden eine Truppe von mehreren tausend Mann auf die Beine zu stellen. Die Brauer spielen in dieser Miliz eine wichtige Rolle. Das ist daran zu ersehen, dass sie allein acht Kommandanten stellen. Als Kasernen dienen die Torburgen.

1193 berichtet der Mönch Caesarius von Heisterbach in seinen »Wundergeschichten« von einer Frau in Köln, die auf eigene Rechnung für das Stift von St. Aposteln Bier braut. Sie ist die erste bekannte Brauerin der Kölner Brauhistorie.

1212 erlaubt Kaiser Otto IV. dem Kölner Rat, drei Jahre lang einen »Bierpfennig« zu erheben, um damit den Bau der Stadtmauer zu finanzieren.

1221 kamen die ersten Dominikaner nach Köln. Mithilfe persönlicher Beziehungen zum Stift St. Andreas ließen sie sich unweit des Domes, in der Stolkgasse, nieder. Das neue Kloster, an der Stelle der heutigen Hauptpost gelegen, weihten sie auf den Namen »Heilig-Kreuz-Kloster«. Diese fromme Stätte gewann bald eine besondere Bedeutung durch die Wirksamkeit Alberts von Lauingen, den die Nachwelt Albertus Magnus nennt.

1233 kauft Helperich Roemer an der Würfelportzen ein Haus, das nach ihm den Namen »Haus Rome« erhält und eines der bekanntesten Brauhäuser Kölns wird. Es existiert bis zum Jahre 1872. Die Brauerei gehört damals dem Chronisten, Brauer und Politiker Wilhelm Scheben.

Die Brauerei »Auf Rome« an der Würfelpforte, heute Unter Sachsenhausen

1235 wird das »Ehrenstraßer Örtchen« nahe der Ehrenpforte urkundlich erwähnt; es galt lange Zeit als das älteste Brauhaus Kölns.

1238 werden Haus und Wirtschaft »minor stella« (»Zum Sternchen«) am Neumarkt erwähnt. Im 19. Jahrhundert gibt es ein Brauhaus gleichen Namens an St. Kunibert.

1238 erwirkt Erzbischof Konrad von Hochstaden von Kaiser Friedrich II. ein Privileg, das ihm die Erhebung einer Biersteuer gestattet. Daraufhin errichtet er zwei Gruithäuser: »Zum Medehuys«, Ecke Altermarkt und Bechergasse, und das später als »Middes« (Methhaus) bekannte Gruithaus an der Foller- und Weberstraße. Auch das Gruitgeld nimmt der Erzbischof in Anspruch. Zu dieser Zeit wird bereits ein selbstständiges Brauereigewerbe größeren Umfanges in der Stadt bestanden haben, sodass sich seine steuerliche Erfassung auch lohnte. In einem zweiten Schiedsspruch, den Albertus Magnus im Jahr 1238 ebenfalls zwischen der Stadt Köln und ihrem Erzbischof Konrad von Hochstaden fällt, wird bestimmt, dass diese Biersteuer auf zehn Jahre je zur Hälfte dem Erzbischof und der Stadt zufallen soll.

1241 ist das Haus »Em Salzrunp« an der Rechtschule urkundlich verzeichnet. Es entwickelt sich im Laufe der Jahrhunderte zu einem der beliebtesten Brauhäuser der Stadt. Im Zweiten Weltkrieg wird das Haus zerstört. Letzter Pächter ist die Hirsch-Brauerei. Die Bedeutung des Namens bereitet den Historikern seit Jahrhunderten Kopfzerbrechen.

1243 wird das Brauhaus »Zum Hirschen« in der Cäcilienstraße erstmals urkundlich erwähnt. Es gilt lange Zeit als Kölns ältestes Brauhaus, wird jedoch im Zweiten Weltkrieg zerstört.

1255 erhalten die Brauer einen prominenten Schutzpatron: St. Petrus von Mailand (Petrus Martyr), Ordensbruder des Dominikaners Albertus Magnus, der in Oberitalien von Albigensern ermordet und bereits ein Jahr später als Märtyrer heilig gesprochen wurde. Unter Mitwirkung des in Köln hoch angesehenen Albertus Magnus wird an der Dominikanerkirche in der Stolkgasse eine Petrus von Mailand Bruderschaft gegründet. Diese vielleicht älteste katholische Handwerksbruderschaft begleitet bis heute die Geschicke des Kölner Brauwesens, und ihre etwa hundert Mitglieder bekennen sich nach wie vor zu ihren Idealen, der Liebe zu ihrem Handwerk, zu ihrer Vaterstadt und zur katholischen Kirche. Auch ein Dominikaner als geistlicher Beistand begleitet noch heute, wie es seit über 600 Jahren Tradition ist, das Vereinsleben der Bruderschaft.

1259 befand sich unter den damals aus den Reihen der Zunftmeister ernannten Schöffen auch »der Bruwer Bodo«.

Die St. Petrus von Mailand Bruderschaft

St. Petrus von Mailand, der Patron der Kölner Brauerbruderschaft

Der Patron, nach dem die Kölner Bruderschaft der Bierbrauer ihren Namen hat, »Petrus von Mailand« (auch Petrus Martyr oder Petrus v. Verona), war ein schon zeitgenössisch weithin berühmter Dominikaner. Nach der Überlieferung um 1205 oder 1206 in Verona geboren, stammte er aus einer Familie mit Namen »Rosino«, die sich den Albigensern angeschlossen hatte, jener Ketzerbewegung in Südfrankreich und Norditalien, die in der Tradition der »Neumanichäer« mit der Lehre eines strengen Dualismus zwischen Gott und dem Weltschöpfer Teufel in scharfem Gegensatz zur katholischen Kirche stand und von ihr heftig bekämpft wurde. Dennoch besuchte Petrus eine katholische Schule und fand hier den Weg zur Kirche in solcher Tiefe, dass er sich zum Theologiestudium entschloss. In Bologna lernte er 1221 den neuen Orden der Dominikaner kennen, gegründet von Dominikus Guzman. Der Orden hatte sich die Bekehrung der Abgefallenen und die seelsorgerische Betreuung der Bevölkerung in den anwachsenden Städten zur Aufgabe gemacht. Eine gute wissenschaftliche Ausbildung war als Fundament der Verkündigung für diesen Predigerorden (*Ordo predicatorum*) Voraussetzung. Es waren diese Wesenszüge, die Petrus so begeisterten, dass er sich der Glaubensgemeinschaft anschloss. Vielleicht wurde er noch vom Ordensvater Dominikus (gestorben 1221), der damals in Bologna lebte, in den Orden aufgenommen. Petrus machte im Orden schnell Karriere: Sein ausgesprochenes Rednertalent

Das Grabmal des St. Petrus von Mailand in der Kirche St. Eustorgio, Mailand

»Die Ermordung des St. Petrus Martyr« von Giovanni Bellini (1430–1516)

machte ihn weithin berühmt, er wurde Prior in Como, 1232 päpstlicher Gesandter in Mailand und 1240 Prior in Asti. Im Jahr 1251 erhielt er die Aufgabe eines päpstlichen Großinquisitors in Norditalien. Seine Bekehrungstätigkeit, bei der er weniger auf Strafen als auf Überzeugung gesetzt haben soll, machte ihn den Albigensern so verhasst, dass sie ihn bereits am 6. April 1252 durch gedungene Mörder zusammen mit einem Gefährten auf dem Wege von Como nach Mailand umbringen ließen. Die Mordtat erweckte großes Aufsehen, und schon ein Jahr später, am 25. März 1253, sprach Papst Innozenz IV. Petrus in der Stadt Perugia heilig. Petrus wurde zunächst in der Kirche S. Simpliciano in Mailand aufgebahrt, dann aber in die Kirche S. Eustorgio überführt, in der er in einem prachtvollen Hochgrab, von Giovanni di Balduccio gestaltet (1336–1339), seine letzte Ruhe fand. Eine Kopie des Hochgrabes des Petrus Martyr befindet sich heute im Londoner Victoria & Albert Museum. Die Vita des Petrus Martyr fand weiteste Verbreitung und wurde zum Beispiel in die berühmte Legendensammlung »Legenda aurea« (geschrieben 1263–1273) seines Ordensbruders Jacobus von Voragine (um 1230–1298) aufgenommen, der ihn vielleicht noch persönlich gekannt haben mag und der 36 Wunder des Heiligen überlieferte. So nimmt es nicht wunder, dass der allgemein verehrte Heilige zum begehrten Fürsprecher wurde: Petrus Martyr ist Patron der Städte Como, Cremona, der Lombardei und

des Herzogtums Modena. Er wird als Patron der Wöchnerinnen, der Dominikaner und der Inquisition verehrt. Er ist die Zuflucht bei Kopfleiden und Kopfschmerzen, er hilft gegen Blitz und Sturm (in Rom und Piacenza wurden an seinem Fest Olivenzweige geweiht, die vor den Gefahren des Gewitters bewahren), und er ist Garant für das Gedeihen der Feldfrüchte. Als Patron von Wallfahrtsstätten mit Brunnen und Heilwasser wird er in Graz, Lienz und Wien verehrt. An seinem Festtag werden Weidenzweige ins geweihte Wasser getaucht und sollen Heilung bewirken; ebenso dienen gesegnete Petrus Martyr-Kreuzlein aus gesteckten Zweigen gegen Unwetter, Zauberei und Feldungeziefer (in Selztal, Mitterndorf und Werfenau).

St. Petrus von Mailand auf dem Flügelaltar der Rosenkranz-Bruderschaft in der Kirche St. Andreas in Köln (zweite Tafel von rechts) – um 1510 vom Meister von St. Severin geschaffen

Die St. Peter von Mailand Bruderschaft – Cölner Brauer-Corporation

Es erstaunt nicht, dass sich schon bald Bruderschaften an mehreren Orten unter den Schutz dieses so bekannten Heiligen stellten. Petrus von Mailand Bruderschaften gab es speziell für bestimmte Berufszweige, zum Beispiel in Palma de Mallorca für die Schuster, im katalonischen Manresa für die Weber, in Rieti, wo sie zur exklusiven Gemeinschaft der reichen Kaufleute wurde, und in Köln für die Brauer.

Wie lange die Kölner Bruderschaft besteht, ist nicht mehr genau festzustellen. Scheben vermutete, dass die Corporation bis in die Zeit der Heiligsprechung des Petrus von Mailand 1253 zurückzuführen ist; bezeugt sah er sie nach seinen Forschungen erst bei der Neukonstituierung des Stadtregiments durch den Verbundbrief von 1396. Danach formierten sich die Brauer politisch in der entsprechenden Gaffel, wirtschaftlich-standespolitisch in der Zunft und geistlich in der Bruderschaft. Ihren geistlichen Mittelpunkt hatte die Bruderschaft bei dem Patron des Dominikanerorden St. Petrus von Mailand. Neuere Forschungen eröffnen die Perspektive, dass die Bruderschaft ursprünglich allen Berufszweigen offen stand und erst im späteren 15. Jahrhundert, als die Dominikaner in Köln mit Jakob Sprenger die Rosenkranzbruderschaft propagierten, zur Bruderschaft eines speziellen Berufszweiges wurde. Den ersten bekannten Beleg für die Existenz der Bruderschaft an Hl. Kreuz haben wir in einem (zurzeit verschollenen) Einblattdruck vom Ende des 15. Jahrhunderts. Etwa um die gleiche Zeit wird die spätgotische Holzfigur des Petrus von Mailand datiert, die sich heute im Kloster St. Andreas befindet und die vermutlich aus der Heilig-Kreuz-Kirche stammt. Dort war dem Patron der Kölner Brauer Petrus von Mailand ein eigenes Chörchen mit Altar gewidmet, das diese Statue des Heiligen geschmückt haben könnte. Ihren Mittelpunkt fanden die Brauer in ihrem Zunfthaus, dem Haus Mirweiler in der Schildergasse, das sie 1494 erwarben. Dort hing ein Zyklus von drei Gemälden aus der Zeit um 1530. Es ist der früheste Beleg für eine Beziehung der Brauer zu ihrem Patron. Zu sehen ist er auf den seitlichen Bildern (im Zweiten Weltkrieg verbrannt) mit den Stadtpatronen St. Kunibert, St. Ursula und den Heiligen Drei Königen. Auf dem Mittelbild, einer Kreuzigung, ist neben dem Stadtwappen das der Brauerzunft abgebildet.

Ebenfalls im Brauerzunfthaus befand sich als Teil der Wandtäfelung ein Relief des Petrus von Mailand (heute im Kölnischen Stadtmuseum), das auf

St. Petrus von Mailand, Halbrelief aus Holz, altes Brauerzunfthaus in der Schildergasse

Die Kirche St. Andreas. Foto: August Sander

das 16. Jahrhundert zu datieren ist. Die Verbindung der Brauer zu Petrus von Mailand wird auch deutlich im ältesten erhaltenen Rechnungsbuch beziehungsweise Zunftprotokollbuch des Brauamtes, das Scheben seinerzeit gerettet hat. Hier sind Ende des 16. Jahrhunderts Ausgaben für die Reparatur der Petrus von Mailand-Statue und für Kerzen zu seinen Ehren belegt. Wenig später, um 1608, als Peter Oeckhoven Bannerherr war und eine Erneuerung der Zunft vornahm, wurde statt des alten Siegels, das mutmaßlich um 1595 zum letzten Male bezeugt ist, im neuen Siegel der Schutzheilige Petrus von Mailand abgebildet. 1660 wurde schließlich auf einem reich geschmückten Kalenderblatt bei den Patronen der Brauer u.a. Petrus von Mailand abgebildet.

Von den verschiedenen Aspekten des Zusammenlebens und Zusammenhalts der Brauer, wie zum Beispiel der Vertretung der Standesinteressen in wirtschaftlicher und politischer Hinsicht, der Pflicht zur gegenseitigen Unterstützung in Notfällen und der Pflege geselligen Kontakts unter den Mitgliedern, charakterisiert die Bruderschaft vor allem die religiöse Ausrichtung: Gleichgesinnte fanden sich hier zusammen, um in der Verehrung des Petrus Martyr als Schutzpatron und der Feier seines Festtages die Fürbitte für die Lebenden und das Gedächtnis der Verstorbenen der Bruderschaft in der heiligen Messe zu begehen. Sie feierten das Fest des Petrus Martyr traditionell mit einem Hochamt und einer Prozession, bei der die oben erwähnte, im Zusammenhang mit der Ausstellungsvorbereitung wieder entdeckte Statue des Heiligen von den Meistern des Amts getragen wurde. Bis 1741 klang das Fest abends mit einem Bruderschaftsessen aus. Die Satzung wurde um 1800 erneuert, und fortan war den Mitgliedern die Teilnahme an den religiösen Gebräuchen streng untersagt.

Im Jahr 1693 richtete die Witwe des Bannerherrn und Ratsmitgliedes Johann Pulheim aufgrund einer testamentarischen Verfügung ihres verstorbenen Schwiegervaters Heinrich Pulheim eine Stiftung für ein feierliches Hochamt am Petrus von Mailand-Fest und den vier Quatembertagen ein, die, nachdem sie in der Franzosenzeit erloschen war, von Wilhelm Scheben und seiner Frau 1869 erneuert wurde. Während die Zünfte in der Franzosenzeit untergingen, blieb die Bruderschaft, dem Zeitgeist gemäß als Kölner

Brauer-Corporation konstituiert, weiter erhalten. Nach der Aufhebung des Dominikanerklosters in der Stolkgasse 1802 siedelte sie in die Pfarrkirche St. Andreas über, die manches Ausstattungsstück der Dominikaner übernahm und so auch für den berühmten Rosenkranzaltar eine neue Stätte gewährte. In dieser Kirche werden seitdem kontinuierlich die jährlichen Messen am Festtag des Petrus Martyr begangen. Hier wurde 1895 eine eigene Petrus von Mailand-Kapelle eingerichtet und von der Bruderschaft ein Marmoraltar und ein prächtiges Glasfenster gestiftet. Im Jahr 1911 schenkte die Bruderschaft unter anderem ein Petrus Martyr-Reliquiar an die Kirche. Nach dem Ende der Franzosenherrschaft lebte 1816 auch der alte Name der Petrus von Mailand Bruderschaft wieder auf. Im 19. Jahrhundert verdankt sie ihrem langjährigen Präses Wilhelm Scheben viele neue Erkenntnisse ihrer Geschichte. Die Statuten des 19. Jahrhunderts zeigen die zeitgemäße Erneuerung der Bruderschaft. Dieses Reglement ist bis heute gültig. (Abdruck bei Wilhelm Scheben, »Bankrolle der ehemaligen Brauerzunft in Köln«. Köln 1880, S. 61–62). 1896 wurde das 500-jährige Jubiläum festlich begangen.

Noch heute versammeln sich die rund 90 Bruderschaftsmitglieder, die sich aus den »unbescholtenen« und (im Zeitalter der Ökumene) christlichen Brauern und Mälzern beider Konfessionen rekrutieren, die leitend in Kölner Brauereibetrieben tätig sind, zu den Fest- und Gedenkmessen in der Kirche St. Andreas. Dort ist seit dem Zweiten Weltkrieg ein Dominikanerkonvent tätig, der die geistliche Betreuung der Bruderschaft übernahm, sodass hier an alte Traditionen angeknüpft werden konnte. 1996 feierte man hier auch anlässlich des 600-jährigen Bestehens der Bruderschaft ein feierliches Hochamt mit Chor und Orchester, an dem neben den Kölner Brauern auch die Spitzen der Kölner Gesellschaft regen Anteil nahmen. Das Jubiläum war der Höhepunkt in der Bruderschaftsgeschichte des 20. Jahrhunderts.

Einmal monatlich treffen sich die Mitglieder zur Pflege des geselligen Lebens und des Meinungsaustauschs in einem der Kölner Brauhäuser.

Wilhelm Scheben (1812–1895), Erforscher der Bruderschaft und Förderer der Kölner Braukultur

Derjenige, der sich um die Erforschung der Bruderschaft und ihre Erneuerung im 19. Jahrhundert besonders verdient gemacht hat, war Wilhelm Scheben. Er wurde bezeichnenderweise am 29. April, dem Festtag des Petrus Martyr, im Jahr 1812 in Köln als Sohn eines Branntweinbrenners geboren. Wie seine beiden Brüder ging auch Wilhelm ins Braugewerbe. 1841 kaufte er zusammen mit seiner Braut Gasthaus und Brauerei »Auf Rome«, die in unmittelbarer Nähe seines Elternhauses im Stadttorgebäude der Würfelpforte in der Nachbarschaft der Maria-Ablasskapelle lagen. Scheben wurde 1843 Mitglied der Kölner Brauerbruderschaft. Offenbar aus dieser Zeit stammt sein Interesse an der Geschichte und Tradition dieser Bruderschaft. Er schrieb verschiedene Bücher: »Die Brauerzunft und die Petri Mailand Bruderschaft zu Köln« von 1864, »Das Zunfthaus und die Zunft der Brauer in Köln« von 1875, »Die Zunft der Brauer in Köln« von 1880 und »Das Haus Rome an der Wurpelportzen« von 1868, in dem er sich mit seinem eigenen Brauhaus befasst. Scheben war kein gelernter Historiker, verfügte aber über eine gute Schulbildung, die er auf dem katholischen Gymnasium erhalten hatte. Seine Schriften fußen außerdem auf einer genauen Kenntnis von zahllosen Originaldokumenten, die er einsah oder erst zusammentrug. So manches Schriftstück wurde durch ihn vor dem Untergang gerettet.

Im Jahr 1849 wurde Scheben Vorsitzender der Kölner Brauer Bruderschaft und war auch in zahlreichen anderen Gremien und Gesellschaften zur Förderung kultureller, kirchlicher und sozialer Belange tätig. Sechs Jahre später wurde er Präfekt und Schatzmeister der Bruderschaft; im Jahr 1869 erneuerten er und seine Frau anlässlich ihrer Silbernen Hochzeit die Stiftung für eine alljährliche Patronatsmesse der Brauerbruderschaft; wieder drei Jahre später verkaufte Scheben sein Brauhaus »Auf Rome«, das die Stadt Köln noch im selben Jahr aus verkehrstechnischen Gründen abreißen ließ. Die

Gründe für Wilhelm Schebens Entschluss, sich von dem Besitz zu trennen, sind nicht überliefert. Vielleicht haben diese Pläne der Stadt fördernd gewirkt, vielleicht waren es aber auch wirtschaftliche Motive, denn damals fanden auswärtige Biere, besonders Dortmunder, Münchner und Pilsener Brauart, in Köln zunehmend Eingang und drängten die heimischen kleinen Brauereien zurück. Viele mussten schließen. Scheben zog sich nicht aufs Altenteil zurück, sondern nutzte die freie Zeit des Rentiers, um als Abgeordneter der Zentrumspartei für die Wahlkreise Cochem und Mayen in den Preußischen Landtag einzuziehen (ab 1873), ein Mandat, das er bis zu seinem Tod behielt. Im Jahr 1885 focht er in einer Versammlung von 320 rheinischen und westfälischen Brauern im Fränkischen Hof in Köln gegen die Pläne einer Aktiengesellschaft in Köln, die sich von der Ausbeutung des Maltose-Herstellungsverfahrens großen Gewinn versprach. Scheben wandte sich entschieden gegen die Anwendung aller Surrogate zur Herstellung von Bier und trat für das Reinheitsgebot aus Wasser, Hefe, Hopfen und Malz ein (siehe Kölner Tageblatt vom 5. November 1885). Obwohl das Preußische Abgeordnetenhaus ein Verbot verwarf, gab es doch eine interne Absprache unter den Brauern, die Verwendung von Maltose unter eine hohe Konventionalstrafe zu stellen.

Im Jahr 1893 beging Scheben die 50-Jahrfeier seiner Mitgliedschaft in der Petrus von Mailand Bruderschaft im Isabellensaal des Gürzenich. Dabei wurde dem Jubilar als Geste des Dankes eine von seinem Freund Toni Avenarius künstlerisch gestaltete Urkunde überreicht. Scheben konnte auf ein Lebenswerk zurückblicken, bei dem sich eine Tätigkeit als engagierter Praktiker und Vertreter handfester Standesinteressen mit der des kenntnisreichen Fachhistorikers und Heimatforschers verband. Bis zuletzt für die Erforschung der Kölner Geschichte tätig, starb Scheben am 14. April 1895. Seinen Nachlass mit wertvollen Originaldokumenten zur Geschichte des Kölner Brauwesens vermachte er testamentarisch der Stadt Köln.

Prof. Dr. Wolfgang Schmitz

Aus dem Ausstellungskatalog zur 600-Jahrfeier der St. Peter von Mailand Bruderschaft: Zeugen Kölner Brau-Kultur 1396–1996.

1258 wird der Dominikaner Albertus Magnus bei den Streitigkeiten zwischen Erzbischof und Rat der Stadt Köln als Schiedsrichter angerufen. Er entscheidet im später berühmten »Großen Schied«, dass Erzbischof und Stadt sich zehn Jahre lang die Biersteuer teilen sollen. Eine diplomatische Meisterleistung.

Der Dominikaner und Diplomat Albertus Magnus und der Kölner Erzbischof Konrad von Hochstaden

Diese beiden großen Gestalten des 13. Jahrhunderts ragten weit über ihre Zeit hinaus und gelten auch heute noch als Säulen der christlich-abendländischen Kultur: Konrad von Hochstaden (1261 gestorben) als Kölner Erzbischof, Initiator und geistiger Vater des Kölner Doms und Albertus Magnus (Albert von Lauingen, um 1200–1280) als Kirchenlehrer, Diplomat und Begründer des *studium generalis*, dem Vorläufer der Kölner Universität.

Albertus Magnus war zunächst ein berühmter theologischer Lehrer an der Universität in Paris, dann von 1257 bis 1260 Lesemeister in Köln. Er verließ 1260 das *studium generalis*, um erneut nach Paris aufzubrechen, kehrte jedoch 1271 wieder nach Köln zurück, wo er sein Leben bis zu seinem Tod verbrachte. Im Jahr 1277 weihte er den Altar der Sakristei des neu entstehenden Domes ein. Er war ein Mann mit vielen internationalen Kontakten, zum Beispiel besuchte ihn König Wilhelm von Holland bei einem Aufenthalt in Köln.

Neben seinen anderen umfangreichen Tätigkeiten ging Albertus Magnus als Schiedsrichter zwischen den aufstrebenden Handwerkern und Kaufleuten der Stadt und dem Erzbischof in die Geschichte ein. Zweimal vermittelte er zwischen der Stadt und Konrad von Hochstaden; 1252 handelte er den »Kleinen Schied«, einen Ausgleich zwischen den beiden Parteien, und 1258 den »Großen Schied« aus, in dem die Stadt die Oberhoheit des Erzbischofs und dieser im Gegenzug die Selbstverwaltung der Bürger anerkannte.

Das war für die Bürger und das Bierbrauen in Köln von großer Bedeutung. Erzbischof Konrad von Hochstaden hatte sofort nach seiner Amtsübernahme den so genannten Bierpfennig eingeführt, eine Biersteuer, die er sich mit der Stadtverwaltung teilte. Beim Bierpfennig handelte es um eine indirekte Steuer, die in Köln schon mehrfach erhoben worden war. Sie wurde nach der Menge Gerstenmalz berechnet, die die Brauer und ebenso die Hauswirtschaften verbrauchten. Erzbischof Konrad von Hochstaden verzichtete ab dem 17. März 1240 auf den Bierpfennig, der ihm vom Kaiser ver-

Der Dominikaner Albertus Magnus in einer Darstellung des Thomas von Modena in Treviso

liehen worden war. Doch den Wunsch nach einem lukrativen Braugeschäft gab er nicht auf. Vor allem deshalb nicht, weil er viel Geld für sein Lieblingswerk, den 1248 begonnenen Kölner Dom, die größte Kathedrale der damaligen Zeit, benötigte.

Das Bier war schon damals in Köln ein beliebtes alltägliches Hausgetränk. An die Stelle des ursprünglichen Rohstoffes Honig trat ein Kräuterzusatz, die »Gruit«, die das Bier schmackhaft und kurzfristig haltbar machen sollte. Im Kölner Raum war die Gruitherstellung erzbischöfliches Monopol. Um das Geheimnis der Kräutermischung zu wahren, wurde die Gruit nur mit Gerstenmalz vermischt an die Brauer abgegeben. Im Jahr 1258 eskalierte der Streit zwischen dem Erzbischof und den Bürgern, und Albertus Magnus wurde als Schiedsmann eingesetzt. Am 28 Juni 1258 wurde der »Große Schied« ausgehandelt. Den Bürgern wurde das Recht zugesprochen, die (Innungs-)Meister ihrer Bruderschaften, die Vorläufer der späteren Zünfte, selbst zu ernennen. Das bedeutete quasi eine bürgerliche Selbstverwaltung, die 1396 zur endgültigen Selbstständigkeit führte. Darüber hinaus bekamen die Bürger ein Einspruchsrecht gegen »ungerechte« Steuern. Der Bierpfennig wurde wieder eingeführt und wie gehabt zwischen Erzbischof und Stadt geteilt. Doch der auf feste Einkünfte bedachte Erzbischof verpachtete die ständig schwankenden Einnahmen aus der Biersteuer nun für eine feste Summe komplett an die Bürger. All das geschah unter der klugen Regie des Albertus Magnus, der auf der einen Seite dem Erzbischof zu mehr Geld verhalf und auf der anderen Seite den Grundstein für die spätere Selbstständigkeit der Zünfte legte.

Als Kirchenlehrer, Diplomat und Weihbischof war Albertus Magnus ebenfalls tätig, und er beschäftigte sich mit naturwissenschaftlichen Studien. Es ist überliefert, dass er in der Nähe der Komödienstraße einen wissenschaftlichen Kräutergarten unterhielt, in dem er sich vor allem mit dem Studium und der Verbesserung des Hopfenanbaus befasste. Er starb 1280 in Köln und wurde in der Dominikanerkirche »Zum Heiligen Kreuz« in der

Stolkgasse begraben. Nach dem Abriss dieser Kirche wurde er 1804 nach St. Andreas überführt, wo seine sterblichen Überreste in einem goldenen Schrein aufbewahrt wurden. 1954, beim Wiederaufbau von St. Andreas, wurden sie in einen römischen Sarkophag umgebettet, wo sie noch heute von den Gläubigen verehrt werden. Nicht rein zufällig ist dieses Gotteshaus heute die Patronatskirche der Kölner Brauer. Doch das verdankt sie nicht Albertus Magnus, sondern einem anderen Dominikaner, St. Peter von Mailand, der etwa zur selben Zeit lebte.

Die Rückseite von St. Andreas in ihrem ursprünglichen Zustand um 1900

1259 erhält erstmals ein Kölner Brauer ein offizielles Amt: Brauer Bodo, Zunftmeister der Brauer, wird vom Erzbischof zum Schöffen berufen. Der Berufsstand erlangt damit mehr Ansehen und Einfluss im öffentlichen Leben Kölns.

1260 schreitet Papst Alexander IV. energisch gegen Tavernen in den Klöstern ein. Im »Hirschen« in der Cäcilienstraße betreibt Meister Rudolf 1268 eine Brauerei. Das Brauhaus »Im jungen Raben« der Familie Abels, Blaubach 38, wird 1271 erstmals urkundlich erwähnt. Später, 1787, trägt es den Namen »Zum Löwen«. 1275 verpfändete der Rat den Malzpfennig für ein Darlehen von 1.530 Mark, für die damalige Zeit ein ungewöhnlich hoher Betrag. 1276 wird das Brauhaus »Zur Griechenpforte«, Hausnummer 7, erwähnt, zeitweise »Zum Bollig« genannt. Auch in Deutz erheben die Erzbischöfe von Köln damals schon einen Bierzoll. Der Brauer Theodor de Sligen errichtet in der Herzogstraße, Ecke Perlenpfuhl, 1278 ein Brauhaus mit Schänke. Er war der 65. Bierbrauer, dem der Rat eine Konzession erteilte. Das Haus ist später mit der Brauerfamilie Dünnwald eng verbunden.

1287 werden im Schreinsbuch von St. Laurentius ein Brauer und das nach ihm benannte Brauhaus »Zum Lychtenstein« genannt. Das »Dombräues«, Unter Taschenmacher, führt später seine Tradition fort.

1288 findet die Schlacht bei Worringen statt. Die Kölner Bürger kämpfen an der Seite Herzog Johanns I. von Brabant (Jan Primus), später besser bekannt als Gambrinus, um ihre Unabhängigkeit vom Erzbischof. Die Bürger besiegen zusammen mit ihren Verbündeten den erzbischöflichen Stadtherrn Siegfried von Westerburg und vertreiben ihn für immer aus der Stadt. Es dauert aber noch fast zwei Jahrhunderte, bis diese Tatsache auch reichsrechtlich anerkannt und Köln zur freien Reichsstadt, die nur dem Kaiser untertan war, erklärt wird. An Stelle der Erzbischöfe übernehmen die kölnischen Patrizier und Großkaufleute die Stadtherrschaft. Im Verein mit den fleißigen Zünften und Handwerkern führen sie die damals größte und volkreichste Stadt Deutschlands allmählich zu hoher wirtschaftlicher Blüte. Auch die Geschichte der Kölner Brauereien und Wirtschaften spiegelt diesen Aufschwung wider.

WORRINGEN MONTAG AM 8.
WORRINGE
MIT MAJO.
HE BLÖDMANN - HIER GEHT'S NICHT NACH SCHÖNHEIT!
MIT SENF!
HÖR MAL - DU BIST HIER SICHER FALSCH.
1.FC
SO, JETZT GIBBET ERSTMAL KASALLA!
WORUM GEHT'S HIER EIGENTLICH?

Gambrinus, sagenumwobener König des Bieres

Welcher passionierte Biertrinker kennt nicht *Gambrinus*, den sagenumwobenen König des Bieres, den rotwangigen königlichen Zecher, auf dem Haupt die mit Gerstenähren verzierte Krone und in der Hand den bekränzten Humpen, gefüllt mit schäumendem Bier? So bietet er ein Bild voll majestätischer Sinnenfreude, wie er da auf seinem Fass thront, der Herrscher über Hopfen und Malz. Wer war er denn nun wirklich, dieser König des Bieres? Ein Bier-Heiliger, ein »Ritter ohne Furcht und Tadel«? – Phantom oder

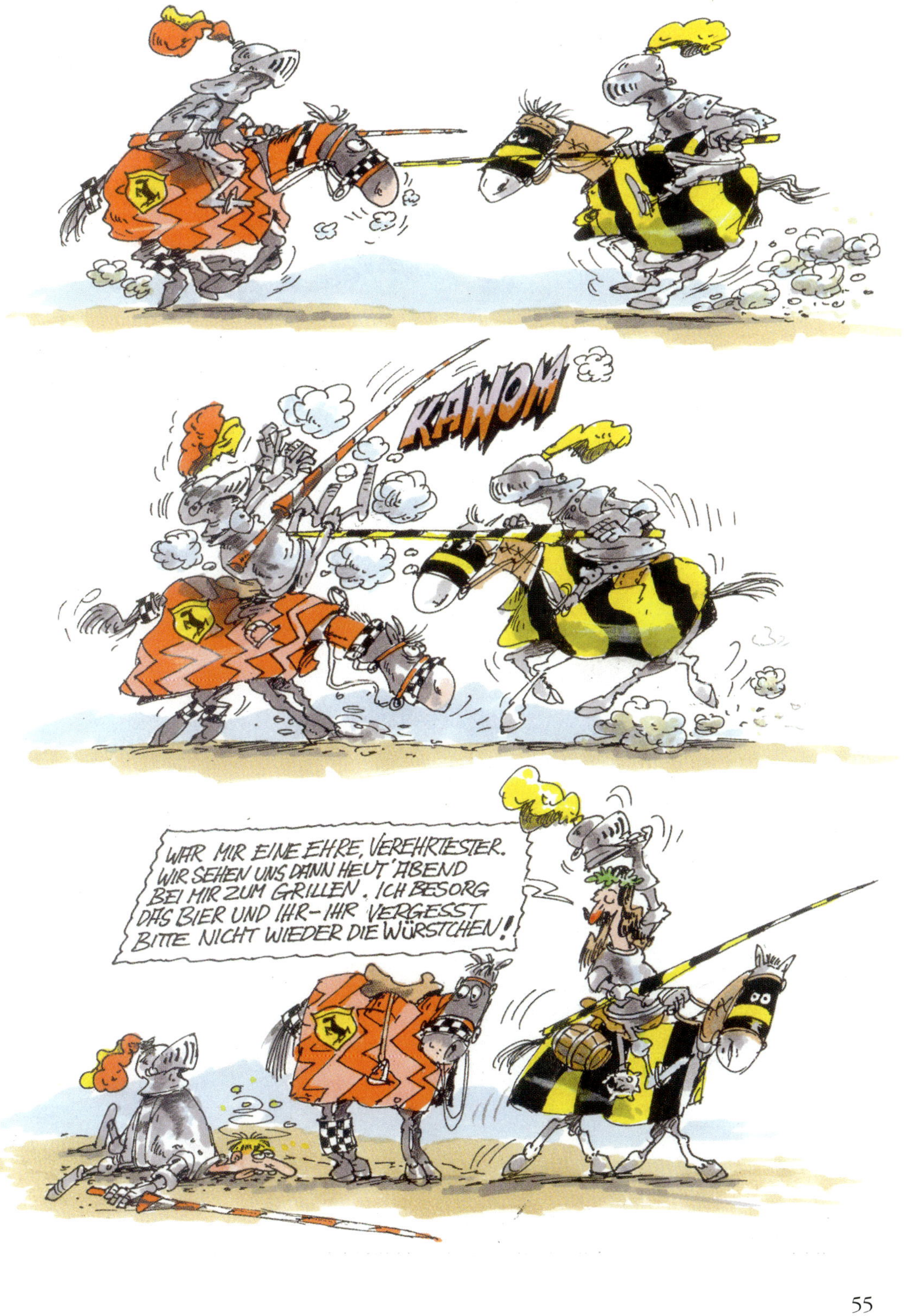
KAWOM
WAR MIR EINE EHRE, VEREHRTESTER. WIR SEHEN UNS DANN HEUT' ABEND BEI MIR ZUM GRILLEN. ICH BESORG DAS BIER UND IHR-IHR VERGESST BITTE NICHT WIEDER DIE WÜRSTCHEN!

Wirklichkeit? Vieles wurde über ihn gedichtet und fabuliert. Mal gilt er als König aus dem Morgenland, der 1200 v. Chr. das Bier erfand, mal wird behauptet, er habe die Stadt Hamburg gegründet. Dann heißt es über ihn, er sei ein König aus Flandern gewesen, der wegen seiner Verdienste um das Bier gleich von mehreren (!) Päpsten heilig gesprochen wurde.

Der Chronist und Brauer Wilhelm Scheben äußerte als Erster Zweifel an den alten märchenhaften Deutungen. In seinem 1880 erschienenen Buch »Die Zunft der Brauer in Köln« findet sich ein Hinweis auf die wahre historische Identität des Gambrinus und seine reale historische Beziehung zur Stadt Köln. Wilhelm Scheben erwähnt dort den Herzog Jan I. von Brabant, »Jan Primus«, im deutschen Johann I. genannt, und berichtet von einer Abhandlung des Historikers Coremans, welcher den Namen »Gambrinus« als Verballhornung des Namens Jan Primus versteht. Ihm erscheint diese Deutung des Namensursprungs plausibler als die Ableitungen vom germanischen Wort *gambra* (= Keim), vom keltischen *camba* (= Braupfanne) oder vom lateinischen *ganeae birrinus* (= der in der Schänke trinkt). Bedenkt man weitere Indizien, die auf die Gestalt des Jan Primus hinweisen, so wird diese Schlussfolgerung immer wahrscheinlicher. Betrachten wir deshalb diesen Brabanter »Bierfürsten« einmal etwas genauer und beleuchten die Beziehung, die er in Wirklichkeit zum Bier und zum Brauen hatte.

Geboren wurde Jan Primus im Jahr 1250 in Leuven im heutigen Belgien. Sein Vater, Herzog Hendrik III. von Brabant, starb frühzeitig am 28. Februar 1261 ebenfalls in Leuven, der damaligen Residenz der Brabanter Herzöge. Er ließ seine junge Witwe Aleidis, eine Tochter des Herzogs von Burgund, mit vier unmündigen Kindern im wahrsten Sinne des Wortes »mutterseelenallein« zurück. Es waren dies: der stets kränkelnde Thronfolger Hendrik IV., dessen Brüder Jan und Goedevaert sowie die kleine Schwester Maria. Die junge Aleidis und ihr nun schutzloser Besitz wurden natürlich schnell das Objekt manch machtlüsterner Blicke habgieriger Nachbarn und Feinde, die sich das nun wehrlose Herzogtum gern einverleibt hätten. Zwar beschlossen die Städte Brabants, den jungen Thronfolger zu beschützen und später in seine angestammten Rechte einzusetzen, doch der Druck von innen und außen war gewaltig. Innerhalb Brabants versuchte Hendrik von Leuven, ein Verwandter der herzoglichen Familie, unterstützt von anderen Brabanter Adligen, die Regierung zu übernehmen. Dieser perfide Versuch eines eigenen Verwandten bewegte die Witwe und ihr Gefolge, ihre Residenz von Leuven ins benachbarte Brüssel zu verlegen. Von außerhalb waren es die Grafen von Geldern und der Fürst-Bischof von Lüttich, die das geschwächte Brabant gern geschluckt hätten. Doch mit der Hilfe des verbliebenen getreuen Adels, besonders der Herren von Mechelen, und dank des außergewöhnlich diplomatischen Geschicks der Herzogswitwe Aleidis gelang es, die Nachfolgefrage Hendriks III. bis zum Jahre 1267 offen zu halten.

Am 3. Juni 1267 wurde schließlich in Anwesenheit fast aller Vertreter des Adels und der Städte Brabants der zweite Sohn Hendriks III. zum Herzog Jan I. (Jan Primus) von Brabant ernannt. Zuvor hatte der eigentliche Thronfolger, Hendrik IV., der an einer Geisteskrankheit litt, auf Betreiben seiner Mutter zugunsten des jüngeren Bruders Jan auf die ihm zustehende Herzogswürde verzichtet.

So wurde Jan bereits im Alter von nur fünfzehn Jahren Herzog von Brabant. Es war der Beginn einer außergewöhnlichen Karriere eines außergewöhnlichen Mannes, dessen gesamte Kindheit geprägt wurde durch die Unsicherheit seiner Existenz und durch eine harte ritterliche Erziehung. Statt kindlicher Spiele übte sich der junge Jan mit Schwert und Lanze, sodass er schon sehr früh ein erfahrener, in zahlreichen Turnieren erprobter Kämpfer war. Nachdem Johann (Jan) I. von Brabant nun die Herzogswürde übernommen hatte, sah er sich nach einer standesgemäßen Braut um. Er fand sie in Margaretha, der Tochter des französischen Königs Ludwig IX. (des Heiligen). Kein schlechter Start für eine internationale Karriere. Er wurde so der Schwiegersohn eines der mächtigsten europäischen Herrscher. Leider verstarb die junge Herzogin nach kurzer Ehe im Kindbett, ohne dem Herzog einen Erben geboren zu haben. Nach dem Tod seiner jungen Gattin stürzte sich Jan I. in allerlei kriegerische Abenteuer. Teils wollte er die Schmach rächen, die man seiner Mutter vor Jahren angetan hatte, teils trieben ihn Abenteuerlust und seine latent vorhandene Aggressivität. Dieser Wesenszug – vielleicht angeboren, vielleicht aber auch Folge der harten Kindheit – trieb ihn auch in Friedenszeiten von einem Kampf zum anderen. Hierbei war er dank seiner exzellenten Ausbildung und seines enormen Talents sehr erfolgreich. Der junge Herzog engagierte sich derart stark für den Turnierkampf, dass er in St. Quentin in Nord-

frankreich ein Gelände kaufte, um dort unter eigener Regie Turniere abhalten zu können.

Das Besondere an diesen Turnieren war, dass die Teilnehmer hier nur mit zwei Knappen zu erscheinen brauchten, sodass auch weniger bemittelte Ritter an diesen Turnieren teilnehmen konnten. Reichtümer erwarb Jan I. jedoch nicht mit seinem adeligen Zeitvertreib, denn die meisten Preise, die er gewann, waren es Geld, Goldpokale, Schmuck, wertvolle Waffen oder Pferde, schenkte er den Rittern seines Gefolges. Viele Länder wurden Zeugen glänzender Turniersiege und rauschender Feste. Jan I. war aber nicht nur groß im Kampfe, er genoss ebenso als gewaltiger Zecher und unterhaltsamer Minnesänger einen internationalen Ruf. So war es auch kein Wunder, dass viele adelige Damen dem feinsinnigen Herzog sehr zugetan waren. Dieses ungebundene Ritterleben konnte jedoch einen so aktiven Mann wie Jan Primus auf die Dauer nicht ausfüllen. Er hatte Höheres im Sinn. Also begab er sich ein zweites Mal auf Brautschau, um auch diesmal wieder das Angenehme mit dem Nützlichen zu verbinden. Er wurde rasch fündig. Seine zweite Frau, ebenfalls mit Namen Margaretha, war die schöne Schwester seines mächtigen Nachbarn Guy (Guido) de Dampière, des Grafen von Flandern. Diese familiäre Verbindung wurde zusätzlich mit einem gegenseitigen Treuegelöbnis und einem militärischen Beistandspakt besiegelt. Zusätzliche familiäre Bündnisse erreichte der umtriebige Herzog durch die frühe Verheiratung seiner jüngeren Schwester Maria mit dem französischen König. Seinen Sohn Jan II. (1294–1312) versprach er schon lange vor dessen Großjährigkeit der Tochter des englischen Königs Edward I.

Jan II. heiratete später wie vorgesehen die Prinzessin Margarethe von England. So war der Herzog Jan Primus dank seines diplomatischen Heiratsgeschicks und durch kluge Allianzen mit den mächtigsten Monarchen Westeuropas verbunden und verwandt. Er war zu seiner Zeit einer der einflussreichsten Fürsten auf dem europäischen Kontinent. Zwar nahm er auch noch sporadisch an Turnieren teil, doch sein Hauptinteresse galt nunmehr der großen Politik. 1273 wurde Rudolf von Habsburg zum deutschen König gewählt. Er herrschte über ein Gebiet, das sich im Norden bis an die Küstenstadt Lübeck und im Süden bis zu den Alpen erstreckte. Im Westen war Burgund und im Osten die Stadt Wien die Begrenzung dieses »regnum teutonicum«, wie es gegen Ende des 13. Jahrhunderts in den »Colmarer Annalen« beschrieben wird. Die westlichen Nachbarn des Habsburgers, Frankreich, Luxemburg,

Brabant und Flandern, grenzten an das mittel- und niederrheinische Gebiet, dem politischen Zentrum des damaligen Reiches mit Köln als geistiger und geistlicher Metropole. Hier kreuzten sich die wichtigsten Handelswege Westeuropas, hier trafen Geld und Geist zusammen – hierhin wollte Jan I. seinen Einfluss nun ausdehnen.

So war der Limburgische Erbfolgekrieg (1283–1288) eine günstige Gelegenheit, sich in dieser Richtung zu betätigen und den Machtbereich Brabants auszuweiten. Das Streitobjekt, das kleine Herzogtum Limburg, zwischen Aachen und Lüttich gelegen, erschien dabei eher nebensächlich, Ziel war das gesamte Rheinland. Die streitenden Parteien waren auf der einen Seite die aufstrebenden Kräfte Jülich, Kleve, Berg – unterstützt von Brabant – und auf der anderen Seite Geldern, Luxemburg und Nassau – angeführt vom mächtigen Erzbischof von Köln, Siegfried von Westerburg. Ein Nebenkriegsschauplatz dieses über fünf Jahre dauernden Streites war der Freiheitskampf der Kölner Bürger gegen ihren Erzbischof, der die freiheits- und machthungrigen Kölner Kaufleute und Handwerker zwangsläufig auf die Seite des Herzogs von Brabant brachte. Zwei Aspekte dieses Kampfes sind besonders interessant: die Rolle Johanns I. von Brabant in der entscheidenden Schlacht bei Worringen und sein Aufenthalt nach der Schlacht in der Stadt Köln.

Am 5. Juni 1288 trafen die beiden Heere, insgesamt 12.000 Kämpfer, in der Fühlinger Heide vor den Toren Kölns aufeinander. Es waren etwa 2.250 Ritter und Knappen zu Pferd, der Rest waren Fußtruppen. »Die Schlacht wurde von beiden Seiten mit äußerster Härte geführt, man watete in Blut und Leichen«, berichtet später der Brabanter Chronist Jan van Heeln. Am Abend des Tages war der Kampf entschieden, der Kölner Erzbischof Siegfried von Westerburg wurde dabei gefangen genommen, und seine Truppen wurden vernichtend geschlagen.

Für die an der Schlacht teilnehmenden Kölner Bürger hatten fünf Regimenter mit Reiterei und Fußtruppen mitgekämpft. Die Namen der Kölner Patrizier, die die starke bürgerliche Stadtstreitmacht führten, lauteten: Gerhard von Overstolz, Constantin von Lyskirchen, Heinrich Hardevust, Daniel Jude und Johann vom Spiegel. Bemerkenswert ist die Teilnahme des Regiments des Daniel Jude, bei dem es sich ohne Zweifel – wie der Name und auch der »Judenhut« in seinem Wappen zeigen – um einen jüdischen Mitbürger handelte. Sein Beitrag zum städtischen Freiheitskampf ist bisher noch kaum gewürdigt.

Der gefangene Kölner Erzbischof wurde dem Grafen von Berg übergeben, der ihn nach Monheim in den Kerker brachte. Der Ritter, dem es gelang, Siegfried von Westerburg gefangen zu nehmen, war der Ritter Godevaert (Gottfried) von Brabant, der Bruder des Herzogs. Jan I. selbst wurde in der Schlacht von Worringen schwer verwundet, sodass er sich umgehend in die Stadt Köln begeben musste, wo er ärztlich versorgt werden konnte. Die dankbaren Kölner übergaben ihm als Geschenk ein Stadtpalais in Domnähe. Es handelte sich um das Haus Nr. 20 am Hof, welches bis ins 18. Jahrhundert auch als »Brabanter Hof« bekannt war. Wie lange sich der Verwundete in Köln auskurierte, ist nicht überliefert. Es gibt jedoch über sein Leben und seine Teilnahme an der Schlacht von Worringen eine umfangreiche Beschreibung von Jan van Heeln, dem Chronisten des Herzogs. Er schrieb ein Heldenepos in Reimform, das den Titel »Yeeste van den Slag van Wofern« (Geschichte der Schlacht von Worringen) trägt. Dieses Werk war bestimmt für die Schwiegertochter des Herzogs, die englische Prinzessin Margarethe, die dadurch die niederländische Sprache erlernen sollte. Wahrscheinlich trug die Bekanntheit dieser berühmten Reim-Chronik dazu bei, den Namen und die Taten des Jan Primus so populär zu machen und zu überhöhen, dass der Schritt zur Sagengestalt, zum Mythos Gambrinus, nicht mehr weit war.

Die Schlacht von Worringen in der Manessischen Liederhandschrift

Nach der siegreich beendeten Schlacht von Worringen lebte der damals achtunddreißigjährige Herzog nur noch sechs Jahre lang, hauptsächlich in der Stadt Brüssel, zu der er im Laufe seines Lebens ein besonders inniges Verhältnis entwickelte. Auch die Brüsseler mochten ihn. Durch seine Aufgeschlossenheit und sein Verständnis für die Nöte und Bedürfnisse der Bürger aller Stände erwarb er sich eine außerordentliche Beliebtheit. So verwundert es auch nicht, dass die reiche und geachtete Brauergilde Brüssels ihren trinkfesten und trinkfreudigen Herrscher später nach seinem Tod zu ihrem Schutzpatron ernannte. Der Stadt Brüssel und ihren Bewohnern galt von nun an seine ganze Zuneigung. Er kümmerte sich um die Rechte und Finanzen der damals etwa 30.000 Einwohner zählenden Stadt, räumte den Bürgern zahlreiche Privilegien ein und ließ die Gesetze des Landes in einem Werk zusammenfassen. Zwar war Brüssel nicht die größte Stadt im Lande –

das war Brügge mit etwa doppelt so vielen Einwohnern –, doch die Huld des Herzogs ließ sie in der Gunst ihres Gönners erstrahlen.

Im Jahr 1294, am 3. Mai, starb der Held vieler Schlachten standesgemäß, wie es sich für einen Ritter seines Formats geziemt, bei einem Turnier zu Bar-le-Duc in Lothringen. Jan I. war damals erst vierundvierzig Jahre alt. Sein Nachfolger wurde sein Sohn, Jan II.

Der historische Gambrinus war der Herzog Johann I. von Brabant mit Residenz in Brüssel.

Seine letzte Ruhestätte fand er natürlich in seiner geliebten Stadt Brüssel. Auf seinem Grabmal in der Stadtkirche Ste. Goedele (St. Gudula) steht deshalb auch der Spruch des Chronisten Louis van Velten: »Er liebte und verehrte Brüssel mehr als alle anderen Städte, die er kannte«. Die einen nannten ihn »Johann den Ersten«, die anderen »Jean le premier« oder Jan Primus (Gambrinus). Mit seinem kompletten Adelsnamen jedoch hieß er »Jan I., Herzog von Lothringen, Brabant und Limburg, Marquis von Leuven und Dalhem und Sire (Herr) zu Kerpen«. Nun könnte man sagen, hier endet seine Geschichte, doch in Wirklichkeit ging sie nun erst richtig los. Nach seinem Tod begann die Entwicklung eines Mythos, der bis in die heutigen Tage Bestand hat.

Wie kam es nun zur Legendenbildung um den Bierkönig, den Heiligen, den Herrscher über Hopfen und Malz? Als Erster berichtet J. Annius 1498 über Gambrinus, den er aber Gambrivius nennt, nach dem germanischen Volk der Gambrivier, und ordnet ihn als einen von zehn Herrschern der germanischen Frühzeit zu. Es handelt sich hierbei jedoch mehr um ein Histörchen als um eine Historie. Die Legendenbildung jedoch hatte begonnen, und die Geschichten über den ruhmreichen Gambrinus breiteten sich nach und nach in ganz Mitteleuropa aus. Bereits achtundzwanzig Jahre später (1526) war folgender Reim auf einem Tafelbild zu finden, das den Bierkönig prächtig gekleidet mit Mantel und Ährenkranz zeigt, in der Hand einen Bierhumpen:

Gambrinus je m'appelais de nom vivant
J'etais Roi des Flandres et de Brabant
En prenant de l'orge, du malt j'en ai fait
La bonne bierre par mon savoir etait nee
C'est pourquoi les brasseur
en toute bonnefoi Peuvent dire
que leur grand maitre etait un roi.

Die Übersetzung lautet:

Gambrinus wurde ich genannt,
war König zu Flandern und Brabant.
Aus Gerste hab ich Malz gemacht
und das Bierbrauen erdacht.
Drum können die Brauer mit Wahrheit sagen,
dass sie einen König zum Meister haben.

Im deutschen Sprachraum erwähnt zum ersten Mal Burkart Waldis aus Nürnberg »Gambrinus« als Schutzherrn der Brauer und des Bieres. Und in einem Gedicht aus dem Jahre 1543 heißt es über ihn:

Er hat aus Gersten Maltz gemacht
und das Bierbrauen erst bedacht.
Wie er solches von Oriside
gelernt hat und von Iside.

Die ägyptischen Gottheiten Isis und Osiris sollen das Bierbrauen aus dem alten Ägypten, wo es nachweislich sehr verbreitet war, ins Abendland eingeführt haben.

Auch der deutsche »Viel-Reimer« Hans Sachs bedachte Gambrinus im Jahr 1553 mit einem Gedicht. Darin benennt er die historische ritterliche Existenz des Bierkönigs, des Herzogs von Brabant. Jedoch auch dem deutschen Verseschmied Hans Sachs laufen die Unterstellungen locker aus der Feder. Anklänge an Herzog Jans Sieg bei Worringen werden als königliche Strafaktionen gegen Unrecht und Räuberei dargestellt, was dem wirklichen Geschehen allerdings nicht gerecht wird. Auch der ewig zechende und raufende Bierfürst entspricht nicht dem Jan Primus der Geschichte. Ähnlichkeiten dürften aber trotzdem nicht zufällig sein.

Die Legendenbildung nahm nun unaufhaltsam ihren Lauf. Die bekannte Darstellung des Gambrinus auf einem Fass thronend mit einem Bierhumpen in der Hand geht auf folgende Überlieferung zurück: Nach seinem Sieg bei Worringen feierte Herzog Jan I. in Brüssel auf dem Großen Markt ein rauschendes Fest. Um dort seine vielen Gäste zu begrüßen, stieg er auf eine Pyramide aus Bierfässern, setzte sich darauf nieder und ließ sich einen Krug schäumenden Bieres reichen. Danach erst berichtete er seinen Untertanen vom Ergebnis der Schlacht. Dieses signifikante Augenblicksbild, sozusagen eine Momentaufnahme, ein Schnappschuss, prägte viele Bilddarstellungen und Beschreibungen des sagenhaften Herrschers über Hopfen und Malz. Ein Markenzeichen war geboren.

Auch der Tod Jans I. wird in vielfältigsten Versionen geschildert. So berichtet der Doktor H.J. Wecker aus Colmar im Jahr 1593 im »Kunstbuch des Wohlerfahrenen Herren Alexij Sedemontmar« folgenden Sachverhalt: Beim jährlichen Turnier zu Bar-le-Duc in Lothringen standen sich als Finalisten die beiden stärksten Kämpfer, der Herzog von Brabant, Jan I., und der Ritter »De Valseneuve« gegenüber. Als im Laufe des Kampfes der Herzog die Oberhand zu gewinnen schien, griff »De Valseneuve« zu einer hinterhältigen List. Denn plötzlich rief er: »Wie, Ihr fechtet zu zweit?« Als Jan I. sich erstaunt umdrehte, um hinter sich zu blicken, wer der besagte Mitstreiter sei, soll ihn der Gegner heimtückisch getötet haben. Zu seiner Rechtfertigung rief dieser danach aus: »Ich wusste es doch, Euer Helfer war das Bier, welches Ihr vor dem Kampfe getrunken habt. Ihr seht, ich habe Euch beide besiegt.«

Gambrinus, der Märtyrer für das Bier, war geboren: Versuche, Jan Primus oder Gambrinus zu einem Bierheiligen umzufunktionieren, scheiterten an der heftigen Gegenwehr der katholischen Amtskirche und der Klosterbrauer, die natürlich die »richtigen« Heiligen für sich reklamierten, wie St. Leonard im Elsass, St. Arnould in Belgien und Frankreich oder St. Petrus von Mailand in Köln.

Gambrinus findet man auch als Statue in der legendären Gaststätte Lommerzheim in Köln-Deutz.

Eine weitere abenteuerliche Version ist vom Herrn Aventinus (mit bürgerlichem Namen Johannes Turmair) in seinen »Annales bajorum«, einer Bayerischen Chronik, überliefert: Gambrinus habe 1730 v. Chr. gelebt, sei der Sohn des deutschen (!) Königs Marsus gewesen, der die ägyptische Göttin Isis geheiratet habe, die ihm in der Hochzeitsnacht das Braurezept ihres Bruders Osiris verraten habe. Auch auf den Deckenmalereien im Münchener Ratskeller findet sich dieser Sachverhalt in leicht abgeänderter Form: Die Göttin Isis ist hier mit dem Gott Osiris verheiratet.

Im 19. Jahrhundert gelang Gambrinus der große Durchbruch. Er wurde als Kultfigur das Symbol für Biergenuss und Heldentum schlechthin. Seitdem erscheint der Name Gambrinus in allen möglichen bierologischen Ausdrucksformen: Biere, Brauereien, Gaststätten. Gambrinaden und Gambrinalen finden statt. Der Bierkönig als Statue oder Thekenleuchter, im Bleiglasfenster oder auf dem Etikett, auf dem Werbeplakat und auf dem Bierdeckel. Besonders im preußischen Kaiserreich feierte der bier- und leutselige Monarch des Hopfens und des Malzes fröhliche Urständ. Noch heute hat Gambrinus in ganz Europa viele Fans. Im Ort Niedermendig in der Eifel findet alle zwei Jahre ein Gambrinusfest mit Bierbrunnen und großem Umzug statt. Gambrinus reitet auf der Nostalgie-Welle wieder durch Kneipen, Bistros und Bierbars. Doch auch die Wissenschaft beschäftigt sich wieder mit ihm, wenn auch mehr auf unterhaltsam-ironische Weise.

Heute weiß man, dass es sich bei dem sagenhaften Gambrinus um Jan Primus, den Herzog von Brabant handelte, und dass dessen Beitrag weniger im Bereich des Bierbrauens als im reichlichen Verzehr desselben bestand. So soll der sagenhafte Bierfürst in einem Wirtshaus an einem Tage 388 Humpen Bier getrunken haben. Wenn dies stimmen sollte, verwundern einen die 92 Minnelieder, die er gedichtet und komponiert haben soll, ebenso wenig wie die gleiche Zahl an unehelichen Königskindern, die ihm angedichtet werden. Wenn also all das stimmt, könnten allein seine Nachkommen für die weite Verbreitung seines Nachruhms gesorgt haben. Alles in allem ist Gambrinus eine Figur der Superlative, ein Mythos, der sich nun schon über Jahrhunderte hält und dessen Faszination auch heute noch die Menschen veranlasst, sich mit ihm zu beschäftigen. Wie ist denn nun der momentane Stand in Sachen Gambrinus? Ist der Sagenhafte mittlerweile etwa vergessen oder gar für immer untergetaucht? Mitnichten! Er ist im Gespräch wie eh und je. Manche Gambrinus-Jünger behaupten auch, er habe heute nach langer historischer Anonymität endlich wieder in die Wirklichkeit zurückgefunden.

Das Neueste von Gambrinus

Jan I. wurde nach seinem Tod im Jahr 1294 in Bar-le-Duc in Lothringen in der Kathedrale von Reims beigesetzt. Wahrscheinlich verblieb das Herz des Toten, wie das zu dieser Zeit üblich war, dort im Dom zu Reims, der Leichnam – oder besser gesagt, der »herzlose« Leichnam – wurde später im Chor der Kirche »Eglise des recollets« im Herzen Brüssels beigesetzt. Neben ihm lag seine zweite Frau, die bereits 1285 gestorben war. Die Grabeskirche, später eine Klosterkirche der »Minderen Brüder«, eines Bettelordens, zeugte von der Demut und Bescheidenheit des Herzogs. Er wollte wohl auch da ruhen, wo das einfache Volk lebte und arbeitete, im Viertel um den »Marche aux Poulets« (Hühnermarkt). Im 16. Jahrhundert, das Grabmal war eingestürzt, wurde es auf Anordnung des Erzherzogs Albert neu errichtet. Nochmals zerstört wurde das Kloster der frommen Brüder bei einem Brand im Jahr 1695. Dann war es für fast zwei Jahrhunderte still um den Herzog von Brabant, den siegreichen Jan Primus. Als der Brüsseler Bürgermeister Jules Anspach 1868 die Stadt nach Pariser Vorbild umgestalten und sanieren ließ, wurden auch die verbliebenen Reste des Minoritenklosters zerstört. Das Kloster fiel dem Bau des großen Diagonal-Boulevards zum Opfer, der heute den Namen seines Erfinders trägt, dem »Boulevard Anspach«. Wo früher Mönche ihre Litaneien beteten, entstand eine Kathedrale der neuen Zeit, die Börse, erbaut vom Architekten Leo Sluys. Die Reste des Querschiffes und Chors blieben unter der im Niveau höheren Straßenführung der »Rue de la Bourse« erhalten. Dort, wo sich Brüssels berühmte Bistros »Becasse«, »Falstaff« und »Le grand Cafe« befinden, hätte sich auch der lebenslustige Jan Primus wohl gefühlt. Hier schlägt heute das fröhliche Herz Brüssels, der belgisch-europäischen Metropole, hier isst und trinkt man viel und gut.

Im Jahr 1988 wurden bei Änderungs- und Erneuerungsarbeiten rund um die Börse die Fundamente und Reste des alten Minoritenklosters wiederentdeckt. Im Chor desselben fand man die Überreste der Gebeine von Jan I. und seiner Gemahlin. Die Universität von Brüssel, kurz ULB genannt, übernahm unter der Federführung von Prof. Bon Enfant und Madame Le Bon die Erforschung und Sicherung der Fundstellen. Man spricht mit Recht von wirklich spektakulären Ergebnissen. Das ist eine Sensation, die so richtig nach dem Herzen des Brabanter Herzogs gewesen wäre. Fast 700 Jahre nach dem Tod des sagenhaften Bierfürsten ist er also wieder aufgetaucht und macht Schlagzeilen. Die Stadt Brüssel hat die Fundstelle mit einer Betondecke überdacht und mitten in der Fahrbahn ein kleines Museum eingerichtet. Auf diese Weise geben die Brüsseler Bürger etwas von der Achtung und Liebe zurück, die der Herzog für seine Stadt immer empfunden hat, getreu dem Spruch auf seinem Denkmal in der Kathedrale St. Goedule: »Er ehrte Brüssel mehr als alle Städte, die er kannte.«

Das kleine Museum für Gambrinus, den König des Bieres, in Brüssel.

1295 wird ein Brauer namens Winand als Provisor des Heiligen Geist-Hauses (Hospital) auf dem Domhof (Hacht) urkundlich erwähnt. Das Hospital ist hauptsächlich für die Pilger eingerichtet worden, die immer zahlreicher in die Stadt strömen. Einheimische Kranke werden zu Hause behandelt. Die Hospitäler verfügen meist über eine eigene Brauerei.

1298 Landesherr und Stadtrat erlassen strenge Vorschriften Qualität und Preis des Bieres betreffend, denn die Qualität entscheidet über die Akzeptanz und Menge des verkauften Bieres und diese wiederum über die Höhe der Steuereinnahmen. Hier ergibt sich die Vorstufe eines allgemeinen Reinheitsgebotes.

1300 gibt es auf der Hohe Straße zwischen Minoritenstraße und Brückenstraße das Brauhaus »Salmenack«. Der Name spielt auf den Salmfang (Lachsfang) im Rhein an, der zu dieser Zeit eifrig mit Nachen betrieben wurde. In der Kleinen Boetengassen hat Hertwicus de Boytin ein Brauhaus, das »Zur Boten« genannt wird. Ab dieser Zeit etwa ist auch die Bezeichnung »Weet« (Wirt) geläufig.

Brauhaus »Zum Stern«

1307 stehen das Haus und die Wirtschaft des Thomas Sterre an St. Kunibert, sie tragen den Namen »Ad stellam« (»Zum Stern«).

1325 ist ein Brauer Jacobus de Merrem bekannt. Die Herkunftsbezeichnung »Merrhem« (Merheim) ist von dieser Zeit an sowohl als Beiname wie auch als Familienname anzusehen. Der Vorort Merheim (linksrheinisch) ist heute Stadtteil von Köln und heißt Weidenpesch.

1343 wütet die Pest in der Stadt Köln und fordert jeden Tag fast hundert Todesopfer.

1345 verkauft Erzbischof Walram von Köln den Nießbrauch der »Gruitgerechtigkeit«, eine Abgabe auf die zum Brauen benutzte Kräutermischung innerhalb seines Territoriums, an den Patrizier Hilger von Quattermarkt.

1349 findet man in den städtischen Urkunden den Hinweis auf ein »Gruithaus an Minoriten«. Es gehörte der Adeligen Aleidis von der Stessen, die einen Hof in der Pfarre St. Laurenz besaß. Höchstwahrscheinlich wurde dort auch die Bierwürzmischung, die Gruit, für die benachbarte Brauerei der Franziskaner hergestellt.

1371 ereignet sich der berühmte blutige Aufstand der machthungrigen Weber gegen die Patrizier. Nach der Niederwerfung dieses Weberaufstandes, man ließ ihnen nur eine Stunde Zeit, ihre Habseligkeiten zusammenzupacken und die Stadt zu verlassen, verdoppelte der Rat der Stadt die Malzsteuer der Brauer. Alle Zünfte mussten sich einer scharfen Überwachung unterwerfen.

1379 nimmt die Stadt 265 Mark durch den »Bierpfennig« ein, durch den »Malzpfennig« dagegen 2.951 Mark und 1 Schilling. Über den Malzpfennig verfügt die Stadt allein. Den Bierpfennig muss sie seit 1258 mit dem Erzbischof teilen. Deshalb ist sie an einer Erhöhung des Bierpfennigs nicht interessiert. In dieser Zeit existiert das Brauhaus auf dem Blaubach, das zunächst »Zu den Veelen«, später dann »Et Rude Bräues« genannt wird. Es gehörte ursprünglich wahrscheinlich zum Kloster der vornehmen Nonnen von St. Maria im Capitol, später zählte es zu den ältesten Brauhäusern Kölns. Der letzte Betreiber war der Brauer Jean Pütz.

1381 verpachtet der Erzbischof die Gruitgerechtigkeit zu Köln samt dem Gruithaus in der Stadt auf zwölf Jahre an den Patrizier Hermann von Goch und den Ritter Johann von Troya. Nicht nur die Kölner Brauer, sondern auch die Brauer aus acht kurkölnischen Ämtern (Deutz, Brühl, Bonn, Lechenich, Zülpich, Hardt, Rheinbach und Hülchrath) müssen ihre Gruit aus dem Kölner Gruithaus beziehen. Der Erzbischof verbietet, dass im Erzstift Hopfenbiere gebraut oder solche aus Westfalen eingeführt werden. Jeder habe die Gruit in den Gruithäusern zu kaufen.

1393 zahlt sich die Unabhängigkeit vor allem für die Brauer aus. Einige werden sehr reich, wie zum Beispiel die beiden Methbrauer Cono von Mauenheim und sein Bruder. Ihnen schuldet der Herzog Wilhelm von Geldern die gewaltige Summe von 6.000 Goldgulden. Ein Jahr später bürgt derselbe Methbrauer Cono mit anderen Kölner Bürgern für ein Darlehen der Stadt, die 14.000 Goldgulden bei Brüdern van Alpen aufgenommen hatte.

1393 tut der Pächter der Gruit in Köln, der Ritter Hermann von Goch, kund, dass dem Bier unter anderem Wacholder, Gagel, Lorbeer und viele andere obskure Zutaten beigemischt wurden.

1396 entledigen sich in einer unblutigen Revolution die Zünfte und Handwerker Kölns der entarteten und zur Willkür gewordenen Herrschaft der Patrizier. Der Verbundbrief, den 22 Gaffeln unterschrieben, besiegelt eine neue demokratische Verfassung Kölns und schafft Unabhängigkeit für Handel und Handwerk. Die Gaffeln stellen die Ratsherren, die wichtigen Berufsgruppen wie die Weber zum Beispiel vier, Brauergaffel und einige andere je zwei. Seit der Aufstellung des Verbundbriefes im Jahr 1396 muss man in Köln streng zwischen der Gaffel, das heißt, der politischen Zunft, und dem Amt, also der Wirtschaftszunft, unterscheiden. Die Zahl der Gaffeln als staatsrechtliche Träger der Reichsstadt lag mit 22 unabänderlich fest, die Zahl der Wirtschaftszünfte dagegen war nicht festgelegt und passte sich den wechselnden wirtschaftlichen Verhältnissen an. Bereits bei der Errichtung der Verfassung von 1396 vermochten die schwächer besetzten Ämter, wie zum Beispiel die Glaswörter, Wappensticker, Korbmacher und andere, es nicht, eigene Gaffeln zu bilden, sondern schlossen sich mit verwandten Gewerben zusammen. Da die Ausübung der Bürgerrechte an das Eingeschriebensein bei einer Gaffel gebunden war, mussten auch die keinem zunftpflichtigen Gewerbe zugehörigen Bürger einer Gaffel »beigeschworen« sein. Bei den Brauern fielen, solange der Verbundbrief in Geltung war, Gaffel und Amt zusammen. Hierzu mag in erster Linie beigetragen haben, dass im 14. und 15. Jahrhundert das Brauerhandwerk sich technisch und wirtschaftlich in dauernder Fortentwicklung befand, es lag aber auch wohl mit darin begründet, dass der Betrieb dieses Handwerks aufgrund der notwendigen umfangreichen Einrichtung und des erforderlichen Betriebskapitals bei den Angehörigen desselben einen gewissen Wohlstand voraussetzte, der ihnen bei der Eigenart ihres Gewerbes die Angliederung fremder Gewerbezweige nicht als erwünscht erscheinen ließ. In diesem Umstand lag andererseits für nicht zunftpflichtige wohlhabende Bürger ein Anreiz, sich der Brauergaffel als »Beigeschworene« anzuschließen, sodass zeitweilig die Zahl der »beigeschworenen« Bürger die der eigentlichen Amtsgenossen übertraf.

1397 beginnt das Bier in ganz Deutschland den sonst sehr beliebten Wein zurückzudrängen. Einer der wichtigsten Gründe dafür war, dass in den zahlreichen kriegerischen Auseinandersetzungen die Weinberge und Gärten, wenn sie erst einmal zerstört waren, meist viele Jahre benötigten, um wieder Reben tragen zu können. Außerdem wuchs Getreide schneller wieder nach und füllte die Lücke, die der nicht vorhandene Wein hinterlassen hatte.

1400 und in den folgenden Jahren blieb die Stadt Köln, die durch den erfolgreichen Aufstand der Zünfte Ende des 14. Jahrhunderts zahlreiche fähige und bedeutende Großkaufleute aus dem Lager der Patrizier verloren hatte, unter der Herrschaft der Zünfte dennoch wohlhabend und wirtschaftlich stark. Die Errichtung des herrlichen Rathausturmes (seit 1406), der Bau des städtischen Fest- und Tanzhauses Gürzenich (seit 1441), die erstaunliche Blüte der von Gutenberg erfundenen Buchdruckerkunst in Köln (seit 1464), der Bau der Rathauskapelle und das Wirken Stephan Lochners als Maler, das alles zeugt von der ungebrochenen Kraft und dem Lebenswillen Kölns unter der Verfassung des Verbund- und Transfix-Briefes. Dass die zu Macht und Ansehen gelangten Gaffeln und Zünfte sich ihrer Bedeutung wohl bewusst waren, erweist der Bau zahlreicher neuer Gaffel- oder Zunfthäuser, von denen das der Brauer, zunächst am Rheinufer gelegen, später in der Schildergasse, durch den Besuch des Kaisers Maximilian eine besondere Auszeichnung erfuhr.

1401 erlaubt der Rat der Stadt Köln der Brauerei »Zum Eichhorn« in der Großen Budengasse die Errichtung einer eigenen Malzmühle.

1408 lässt der Rat der Stadt ein Probebrauen durchführen, um Qualität und Steuern für die verschiedenen Bierarten neu festsetzen zu können.

1412 wird das Kölner Reinheitsgebot eingeführt, also hundert Jahre vor dem Erlass des bayerischen Herzogs Wilhelm IV., der am 23. April 1516 ein Reinheitsgebot für das Brauen von Bier aufstellte: »Es soll(en) allein Gerste, Hopfen und Wasser gebraucht werden«. Die deutschen Brauer übernehmen dieses Reinheitsgebot alle und verpflichten sich, stets daran festzuhalten.

Das Kölsch erfüllt die strengen Kriterien längst und gilt auch sonst als eines der besten Biere im Lande. Reinheit und Natürlichkeit sind oberstes Gebot. In Köln gibt es 1412 bereits 21 zünftige Brauhäuser. Der Rat der Stadt Köln erlässt in diesem Jahr eine offizielle Verordnung, nach der die Kölner Hopfenbrauer nur bestes Gerstenmalz verwenden dürfen. Auch die Menge Bier, die von diesem Malz gebraut werden darf, wird genau festgelegt. Hat man vorher in Köln und der Umgebung ausschließlich mit der Gruit, einer Kräutermixtur, gewürzt, so beginnt nun der Siegeszug des Hopfens in den Kölner Sudhäusern. Die Kölner Ratsanordnung von 1412 legt bereits ausdrücklich diese Zutaten für kölsches Bier fest, wie sie auch heute noch im deutschen Reinheitsgebot festgeschrieben sind: Hopfen, Malz, Wasser, Hefe – und sonst gar nichts.

Die Bierherren – Wächter über Bier und Handel

Da der Mensch nun einmal schwach ist, galt auch im alten Köln: Vertrauen ist gut, Kontrolle ist besser: Die Qualität des Bieres überprüften die so genannten Bierherren. Aus den alten Zunftordnungen und in den Schriften des Chronisten Wilhelm Scheben erfahren wir, wer sie waren und welche Aufgaben sie übernahmen. Die Bierherren, auch Bierkieser genannt, wurden vom Rat eingesetzt und mit 40 Goldgulden pro Jahr entlohnt. Sie kontrollierten die Bierqualität, überwachten den Hopfen- und Malzhandel, verhängten Strafen bei Vergehen im Brau- und Schankwesen und überprüften die städtische Malzmühle. Sie waren unabhängig und nicht der Zunft unterstellt. Es waren zwölf unbescholtene Bürger, die immer nur für zwei Jahre vom Rat ernannt wurden. Auch der Chronist Hermann von Weinsberg tut im berühmten »Buch Weinsberg« kund, dass er im Jahr 1543 Bierherr in Köln war. Er musste sich als Bierherr eingehend mit den Statuten der Brauer vertraut machen. Weinsberg hatte das Amt zu dieser Zeit sehr wahrscheinlich angenommen, weil er von seinem Posten als Verwalter der Cronenburse aus Ärger zurückgetreten war; er hatte dauernd mit den Studenten wegen der Menge und der Qualität des Essens im Streit gelegen.

1412 nennt ein Erlass des Magistrats für Köln folgende qualifizierte oder zunftmäßige Brauereien: »Zum Rabenstein«, Auf dem Bach; »Zu den Bretzen«, Sternengasse; »Im Nyell«, Breite Straße; »Zum Birnbäumchen«, An der Würfelpforte; »Zum Bierbaum«, Eigelstein/Ecke Maximinenstraße; »Zum Eichhorn«, In der Budengasse; »Vaitshaus«, An den Augustinern; »Zum Juden«, Weyerstraße; »Bei und zu Arsberg«, auch »Hölzerner Steeg«, Mühlenbach; »Sassenhuys«, Zum Sassenhof; »Zum Stern«, An der Neckelskaulen; »Zu den Veelen bey den weißen Frauen«, Blaubach; »Zur Portzen auf'm Kriegsmarck«, Griechenpforte; »Im Bäumchen der Schmeerstraß«, Komödienstraße; »Zur Scheren«, In der Botengasse; »In der Hellen«, In der Höhle; »Auf der Spitzen«, Achterstraße; »Zum Esel«, Ehrenstraße; »Zum roten Brauhaus«, Maximinenstraße; »Zum Sack«, Straßburger Gasse.

1418 übertrifft die Zahl der beigeschworenen Bürger die der eigentlichen Amtsgenossen in der Brauergaffel, ein Beweis für das hohe Ansehen und den Wohlstand der Brauer.

1425 kauft die Stadt Köln ein Haus am Marienplatz und stellt dort die zum Bierbrauen benötigte Gruit her. Im selben Jahr wird zum ersten Mal das Haus *»zo der teschen«* in der Salzgasse urkundlich erwähnt, das noch zu Beginn des 20. Jahrhunderts als Hausbrauerei und Wirtschaft betrieben wird.

1429 beaufsichtigt eine eigens vereidigte Ratskommission von vier Bierherren das Braugewerbe. Hermann von Weinsberg ist zeitweise einer dieser Bierherren.

1430 kaufen die Brauer von Heinrich von Zülpich das »Slackhuyss« am Rhein und bauen es zu ihrem ersten Zunfthaus aus.

1434 bestätigt der Rat der Stadt Köln der Brauerin »Mathilde in der Airsburg auf der Bach« das Recht, weiterhin Bier zu brauen.

1435 bestehen in Köln 20 zünftige Brauereien. Wilhelm von Rheindorf und seine Frau sind die Brauerfamilie im Haus »Zum Juden« in der Weberstraße. Sie pachten vom Rat eine der städtischen Rossmühlen auf vier Jahre zum Malzmahlen.

1438 wird erstmals eine Mitgliederzahl der Kölner Brauerzunft historisch belegt: Es gibt 21 organisierte Brauer. Über die Zahl der »Gaffelfreunde« liegen keine gesicherten Zahlen aus dieser Zeit vor, da man nicht zwangsläufig Brauer sein musste, um der Brauergaffel angehören zu können.

1456 entwickelt sich Köln immer mehr zur zünftigen Bierstadt. Die Brauerzunft etabliert sich als eine wichtige Wirtschaftskraft der Stadt. Man braut im Dreijahresrhythmus abwechselnd drei verschiedene Biersorten: Gruitbier, ein Gerstenbier mit Kräuterwürzsud, Hoppebier, ein Bier aus Gerstenmalz und Hopfenwürze, und Keutebier, ein obergäriges Bier auf Weizenbasis.

1454 bestraft der Rat die Brauerin Gertrud vom Brauhaus »Zum Sack«, weil sie ohne Genehmigung Keutebier gebraut und keine Akzise (Brausteuer) dafür bezahlt hat.

1460 gibt die Stadt Köln die Gruitherstellung in eigener Regie auf und verpachtet dieses Recht zunächst für jährlich 1.200 Mark plus 55 Mark Miete für das Gruithaus und seine Geräte an den Kölner Bürger Dietrich von Horrem. Ein Jahr später überlässt die Stadt auf den Protest der Brauerzunft hin die Gruitherstellung zu den gleichen Bedingungen den Kölner Brauern. Das Brauamt (die Zunft) betreibt fortan in eigener Regie das städtische Gruithaus am Malzbüchel.

Die Brauerei »Zur Zweipann« verfügte über zwei Sudpfannen.

1468 wird die Brauerei im Hause »Auf Rome« gegründet. Wilhelm Scheben, der Onkel des bekannten Kölner Originals »Schäbens Tünn«, der Bierbrauer im Haus »Zur Zweipann« war, hat im 19. Jahrhundert nicht nur die Geschichte des Hauses »Auf Rome« an der Würfelportzen (1868) geschrieben, sondern auch über die Zunft der Brauer in Köln (1875 und 1880) und über deren Zunfthaus (1895).

1471 werden die Keutebierbrauer, die nur Weizenbier brauen durften und bis dahin nicht der Brauerzunft angehörten, in dieselbe integriert. Ihre Gruppe stellt immerhin die stolze Anzahl von 39 Mitgliedern. Dadurch steigt die Zahl der zünftigen Brauer auf 60 an.

1484 sind die Bedingungen streng, wenn man selbstständiger Brauer werden will: Brauen darf nur, wer geborener, freier Kölner, katholischer Konfession und seit zehn Jahren im Besitz eines Bürgerbriefes ist. Ausnahmen sind möglich, wenn man eine Cöllnische Tochter heiratet, die der katholischen Religion zugetan ist, und 100 Goldtaler in bar entrichtet.

1484 schwören die Bierherren dem Rat einen Eid, alle acht oder vierzehn Tage die Brauereien Kölns zu kontrollieren.

1486 pachten 39 namentlich genannte Keutebier-Brauer vom Rat die Keute-Akzise. Dabei wird bestimmt, dass die Hausbrauer ebenso wie die Keutebrauer Steuer zu zahlen haben. Auch dürfen sie nur in den Häusern der Bürger und nicht in ihren eigenen Häusern oder anderwärts brauen.

1494 beschließt der Rat der Stadt Köln, dass Klöster und Beghinenkonvente fortan kein Bier mehr zum Verkauf an die Bürgerschaft brauen dürfen. In diesem Jahr nennt die Liste der Brauer: 47 Keutebrauereien, 18

Zweihellerbierbrauereien und 6 Klosterbrauereien. Im selben Jahr veräußern die Brauer ihr bisheriges Zunfthaus am Rhein und erwerben das größere »Haus Mirweiler« in der Schildergasse, das einst dem Ritter Spiegel zu Rodenberg gehört hatte.

Im selben Jahr verbietet der Rat der Stadt auf Beschwerde der Keutebrauer den (illegalen) »Hökenbrauern« (Heckenwirten), für geistliche Personen Bier oder Keute zu brauen. Es sind unter den 18 Hellerbierbrauern auch bereits vier Frauen tätig.

1495 schließen Stadt und Erzbischof einen Vertrag zur Gruitgerechtigkeit: Den Brauern soll in Zukunft nicht mehr erlaubt sein, Gruit selbst herzustellen.

1496 ziehen die Brauer feierlich in ihr neues Zunfthaus ein, das Gaffelhaus »Mirweiler« in der Schildergasse 97. Zuvor hatten sie ihr Zunfthaus (von 1430) an im »Slackhuyss«, dicht am Rheinufer. Das neu erworbene Haus »Mirweiler« erstreckt sich in der Tiefe bis zur Brüderstraße. Hier bewirten die Brauer am 23. Juni 1505 Kaiser Maximilian I. aufs beste, der auf seinem Weg zum Rathaus wegen eines Unwetters Schutz suchte. Während der reichsstädtischen Zeit spielte sich hier das Zunftleben ab.

Nach Auflösung der Zunft wird das Haus französisches Nationaleigentum. 1802/04 ist es das erste protestantische Gotteshaus in Köln. Nachdem es durch kaiserliches (napoleonisches) Dekret im November 1808 der Stadt geschenkt wird, dient es als Volksschule, ab 1822 als Zeichenschule und 1843 bis 1862 als Heim des Kölner Männer-Gesang-Vereins. Später richtet die Firma C. Leybold Nachf. hier Lagerräume ein. Im Frühjahr 1928 wird das Haus zum Zweck eines Neubaus niedergelegt, wobei einzelne Bauteile zur späteren Wiederverwendung aufbewahrt worden sind. Das Zunfthaus war ebenso einfach wie gediegen eingerichtet – großer Prunk war die Sache der Brauer nicht. Als »monumentalstes Beispiel der typischen Dekorationsweise« solcher Versammlungshäuser wird die alte stucküberzogene Balkendecke (von 1613) im Obergeschoss erwähnt, außerdem ein »Prachtkamin« aus Kacheln, der Mitte des 19. Jahrhunderts nach Paris verbracht wird. Erhalten geblieben und im Kölnischen Stadtmuseum an der Zeughausstraße zu besichtigen sind ein Fahnenhalter, sechs barocke Wappenscheiben, eine gusseiserne Kaminplatte und ein Holzrelief des Schutzheiligen St. Petrus von Mailand.

Im Urteil der Kunsthistoriker heißt es über das Brauerzunfthaus: Es bot nicht nur ein verhältnismäßig gut erhaltenes Beispiel eines Kölner Zunftsaales, sondern ein in seiner Übereinstimmung zwischen Außenseiten und innerer Konstruktion besonders lehrreiches und eindrückliches Beispiel des Kölner Profanbaues überhaupt.

1496 finden auf dem Neumarkt »Schießspiele« innerhalb der Gaffeln statt. Gesucht wird die Gaffel mit den besten Bogenschützen. Gewinner sind die Goldschmiede, die den ersten Preis – einen fetten friesischen Ochsen – gewinnen, den sie in ihrem Gaffelhaus bei einem gewaltigen Siegesschmaus verzehren. Die Brauergaffel gehen leer aus (vielleicht wegen zu großem Biergenuss während des Wettkampfs).

1497 gelangt das Brauamt zu einem eigenen Amtsbrief. Aber auch dieser Brief hatte in erster Linie formalen Wert, er sollte dem Gewerbe »gleichs andern Ampten« eine rechtliche Grundlage geben, im Übrigen aber ließ er dem Amt seine guten alten Gewohnheiten und Gesetze. Das Amt der Brauer in Köln setzt die Gebühren für die Aufnahme von Lehrlingen in die Zunft auf 12 kölnische Mark und für zu Meistern aufrückende Gesellen auf 24 kölnische Mark fest, beides recht hohe Summen.

Die Zunft, deren Hauptorgane die beiden jährlich und in der Regel am Tage vor Dreikönigen gewählten Amtsmeister und der auf Lebenszeit gewählte Bannerherr waren, erfasste entsprechend den verschiedenen in ihr vereinten Zielsetzungen die Zunftgenossen in dreifacher Form: Als Brauamt vertrat sie die wirtschaftlichen Belange des Gewerbes nach außen und regelte die auf die Ausübung des Gewerbes bezüglichen Fragen im Innern. Als

Petrus-Bruderschaft erfüllte sie religiös-ethische und sozial-karitative Aufgaben. Als Gaffel nahm sie im Rahmen der Stadt-Republik politische und militärische Interessen wahr, wachte über die Standesehre und diente der Pflege der Geselligkeit unter Männern. Der Rat seinerseits übte das der Stadt zustehende Aufsichtsrecht durch alle vier Jahre am Johannisabend gewählte Bierherren aus, die auf die für sie geltende Dienstanweisung, die so genannte Bierherrenrolle, vereidigt wurden.

Erste Darstellung eines Kölner Brauers und seiner Frau, Ende 16. Jh.

1500 ist der Kölner Erzbischof in Geldnöten und tritt seine Rechte an der Gruitgerechtigkeit gegen eine Rente an die Stadt Köln ab. Doch die Zeit der Gruit geht zu Ende. Immer mehr Brauer verwenden mittlerweile den Hopfen als Bierwürze.

Im selben Jahr kommt auch das brauhaustypische »Hängestüffge« (ein Zwischengeschoss) in den kölschen Wirtschaften auf. Auch heute noch kann man im Sünner-Brauhaus »Zum Walfisch« in der Salzgasse ein solches Hängestüffge besichtigen.

1500 gab es in Köln rund 60 Brauereien. Ungefähr zu diesem Zeitpunkt setzt sich das Hopfenbier in Köln als einzige Biersorte endgültig durch. Gegen Ende des 15. Jahrhunderts ist das Wort »Brandewing« in Köln bezeugt. Aus dem Jahre 1513 haben wir einen »Lobspruch der Keyserlichen freystadt Coellen« aus der Feder des Verlegers und Buchführers Johannes Haselberg von der Insel Reichenau, der in wohlgesetzten Versen die Macht und die Größe Kölns besingt. Der poetische Reisebericht erzählt voller Staunen, dass sein Verfasser allein auf einem Spaziergang vom Bayenturm rheinabwärts zur Stadtmitte 42 Wirtshäuser gezählt habe, die gutes Bier und Wein ausschenkten. In der Stadt selbst gebe es noch viele hundert solcher Wirtschaften … Ein interessanter Beweis, wie Kölns Brauereien und Gasthäuser auch noch zu Beginn der Neuzeit weitgereisten Besuchern Erstaunen abnötigten.

ÄH...CHEF...
ACH, SCHWAFEL ER NICHT SO VIEL-HICK'S! SAG MIR LIEBER OB ES DRAUSSEN NOCH REGNET-HICK'S..!

SAG MAL-WAS MACHT DER DA DRIN SO LANGE? WIR HABEN GLEICH EMPFANG BEIM BÜRGERMEISTER!
MIRWEILER
SCHILDER GASSE

1505 ist der deutsche Kaiser Maximilian I. am 24. Juni im Zunfthaus »Mirweiler« bei den Brauern zu Gast. Er sucht bei seinem Besuch in Köln aus Anlass eines Reichstages mit seinem Gefolge während eines Unwetters Zuflucht im Zunfthaus der Brauer auf der Schildergasse und »versackt« dort so fürchterlich, dass er zu dem eigentlich vorgesehenen festlichen Empfang beim Bürgermeister Berchem nicht mehr erscheint.

1507 gibt ein Vertrag zwischen Stadt und Universität allen Magistern und Doktoren, die ein eigenes Haus führen, und den vier Bursen (Internatsschulen) das Recht des freien Bierbrauens. Magister und Studenten dürfen Bier steuerfrei einführen.

1510 schickt die Stadt Köln Kaiser Maximilian I. zwei Fässer Keutebier in seine Residenz nach Augsburg, weil ihm das bei seinem Besuch anlässlich des Reichstages in Köln im Jahr 1505 so gut geschmeckt hatte. Die Fässer werden am Rheinhafen verladen.

1512 zahlen allein die Deutzer Brauer als kurkölnische Untertanen jährlich 50 Goldgulden als Pacht für die Gruit an den Erzbischof.

1543 verdrängt der Hopfen die Gruit immer mehr. Das Gruithaus am Marienplatz wird von der Stadt Köln verkauft. Der neue Besitzer, Pfingsthorn, kauft auch das Hinterhaus am Mühlenbach, das Haus »Jülich«. Es stand an der Stelle, wo später die Brauerei Heinrich Kolter betrieben wurde, die bis zu ihrer Zerstörung im Zweiten Weltkrieg hier Bier braute.

1543 wird der Chronist, Ratsherr und Brauersohn Hermann von Weinsberg zum »Bierherren« ernannt. Die Bierherren gehören einer Bieraufsichtsbehörde an, die durch die Brauhäuser geht und die Qualität des Bieres prüft.

Hermann von Weinsberg, Chronist, Ratsherr und Erbauer der ersten Kölner Malzmühle

Hermann von Weinsberg lebte von 1518 bis 1598. Er war ein Glücksfall für die Stadt Köln, denn er führte über sein 80-jähriges reiches Leben in einer stürmischen Zeit akribisch Buch, sodass wir heute über ein detailliertes Zeugnis des 16. Jahrhunderts verfügen. Er beschreibt die damalige politische Situation, herausragende Ereignisse, aber auch das Alltagsleben, die Ess- und die Trinkgewohnheiten der einfachen Bürger. In seinem Elternhaus betrieb seine Familie eine Gastwirtschaft. Über diese schreibt er in seinem Tagebuch Folgendes:

> *»Damals war das Haus Weinsberg gar ungestalt, schmucklos und wüst, denn es war Wirtshaus gewesen, fast alle Gemächer waren zu Ställen gemacht worden, denn es kamen damals viele Auswärtige nach Köln. Aber Gottschalk hat es wieder hergerichtet, eine hübsche Hängestube und Kammer eingebaut, er hat auch einen neuen Brunnen gegraben, und als man aufs Wasser stieß, da fand man eine Kleidertruhe voller Holzkohlen worüber man sich höchlich verwunderte; auch hat er zwei Mauern errichten lassen, wo vormals nur Holzzäune waren. Hinten im Stall hat er ein besonderes Brauhaus errichten lassen; er hat viel gebraut, auch eine Färbereinrichtung gehabt, aber nicht viel gefärbt, er hat auch Wein gezapft, aber auch nicht besonders viel, denn in der Hauptsache hatte er mit Korn, Hafer, Gerste, Weizen, Malz und mit dem Brauamt zu tun. Das Nachbarhaus zum Feld hin, das er zusammen mit dem Haus Weinsberg erworben hatte, war ebenfalls in Stallungen verwandelt worden, das hat er als Zinshaus zurichten lassen und vermietet. Es lag deshalb nahe, dass dem Spross einer Familie, die schon immer mit dem Bierbrauen vertraut war, der Gedanke kam, in seiner unmittelbaren Nähe seines Elternhauses an den Bächen eine wassergetriebene Malzmühle errichten zu lassen.«*

Die Fabrikation des Malzes betrachtete jeder zünftige Brauer als zu seinem Handwerk gehörend. Das Braumalz war ein bedeutender Handelsartikel im alten Köln, da die meisten auswärtigen Brauer wie auch die Bürger, die sich ihren Haustrunk selbst brauten, ihr Malz bei einem zünftigen Brauer kaufen mussten. Daher war das Interesse der Kölner Brauer und des Rates der Stadt groß, eine eigene unabhängige Malzmühle zu besitzen. Also beschloss man, eine solche im Stadtgebiet anzulegen. Das beste Zeugnis über die alte Malzmühle kann wohl der Mann ablegen, auf dessen Initiative hin diese für die Kölner Brauer errichtet wurde, der Chronist Hermann von Weinsberg:

> *»Anno 1572 gegen den Monat Juli ist die Wassermühle im Filzengraben angefangen worden zu bauen, und Herr Philipp Gail und Herr Gerhard Pilgram, zur Zeit Rentmeister, fingen sie frei an zu bauen. Ich habe es im Rat besonders betrieben, dass es ins Werk gesetzt wurde; denn man kann den Bach, der sehr nutzlos durch die Stadt fließt, wenn die Mühle nicht zu einer Malzmühle geeignet sein sollte, jederzeit eine Walk-, Schleif-, Papier-, Öl- oder eine andere Mühle daraus machen.«*

Die Mühle war trotzdem zu keiner Zeit problemlos. Der geringe Wasserstand erforderte größere Wasserzufuhr aus den Teichen des Vorgebirges, das war teuer und zeitraubend. Die Zufuhren mussten auch außerhalb der Stadtmauer gesichert werden, und andere Handwerke (Gerber und Färber) beklagten sich über zu geringe Wassermengen-Kontingente. Schließlich kosteten die Wasserrechte für die Mühle über 100.000 Taler. Trotzdem beklagten sich die Brauer ständig wegen zu geringer Mühlenkapazität. Es kam zu Verzögerungen beim Mahlen, und Raufereien unter den Brauknechten waren an der Tagesordnung.

Die alte Malzmühle am Malzbüchel am Eingang des Filzengraben

Langwierige Prozesse über Jahrhunderte hinweg waren Begleitumstände der Idee des Herrn Weinsberg. Auch die Reinigung der Wasserzufuhr und die Instandhaltung des Mahlwerks durch die Brauer waren ständige Streitpunkte zwischen Brauern und dem Rat der Stadt. Verschiedene Ratsedikte geben davon Kenntnis. Besonders im reichsstädtischen Köln lagen die sanitären Verhältnisse oft im Argen. Die Folge waren Seuchen und »Pestilenzen«. Auch die Zunftbestimmungen bei der Arbeit in der Mühle waren streng: Die Brauknechte mussten auf die Ware gut aufpassen und immer bei den Säcken bleiben. Sie mussten das Malz in den Säcken gemahlen wieder komplett zurückbringen. In der Mühlenstube war daher auch kein Glücksspiel erlaubt. Bei Übertretung war ein Goldgulden Strafe fällig, ein riesiger Betrag für einen Brauknecht in der damaligen Zeit.

Wilhelm Scheben schreibt über die alte Mühle:
»Die Kölner Malzmühle lag im Filzengraben, und zwar in der Mitte desjenigen Straßen-Terrains, das zwischen der Mündung des Malzbüchels in den Filzengraben und der Mathiasstraße in die Bachstraße (Mühlenbach) liegt, und sie teilte auf diese Weise die Mühlenbachstraße bei ihrer Einmündung in den Filzengraben in zwei Arme. Das Wasser des Duffesbachs wurde von der Hohen Pforte an oberirdisch in hölzernen ›Kallen‹ zugeführt, wodurch

sich auf dieser Strecke eine eigene Industrie, die der Korbmacher, entwickelte. Noch heute erinnert das Korbgeschäft Kiel an diese Zeit. Das Wasser gelangte dann hinter der Mühle bis zum unteren Teil des Filzengrabens oberirdisch, später unterirdisch in den Rhein. Die Malzmühle wurde 1572 von der Stadt errichtet und blieb bis zum 28. November 1813 in deren Besitz. An diesem Tag wurde sie auf Grund eines Dekrets von Napoleon I., demzufolge ein Drittel aller Gemeindegüter zugunsten der französischen Staatskasse verkauft werden sollten, öffentlich versteigert. Die ›Güterhändler‹ Joh. Jos. Boismard und Heinr. Gründgens kauften die Mühle an und verkauften sie später an die Weinhändler Gebr. Jacob und Joseph Haan weiter. Im Jahr 1853 trat die Stadt Köln mit letzteren zwecks Abriss der Mühle in Verhandlung. Sie erwarb die Mühle schließlich für 10.000 Taler und entfernte sie.«

Heute erinnert nur noch die Brauerei »Zur Malzmühle« und das Mühlen-Kölsch an die Malzmühle. Doch der Mühlenbach, einst Energiezufuhr für die Stadt, fließt noch immer unterirdisch zum Rhein hin, und am Straßenverlauf der Bäche lässt sich der Wasserlauf noch erahnen.

Die Brauerei »Zur Malzmühle« um 1900

1555 übernimmt der Rat der Stadt Köln das Braumonopol, wahrscheinlich um noch mehr Steuern einnehmen zu können. In einem städtischen Brauhaus darf nur unter Aufsicht von zwei beamteten Braumeistern gebraut werden. Die Zahl der Brauereien sinkt von 70 auf unter 60.

links: Brauhaus »Zur Kloog«

1556 verbieten Bürgermeister und Rat den zahlreichen »Heckenwirten« der Stadt, mehr als einmal im Jahr zu brauen. Da in Köln jeder seinen Haustrunk selbst brauen durfte, konnte man nicht allen Heckenwirten das Handwerk legen. So schädigten diese Schwarzbrauer die zünftigen Brauer auch weiterhin, indem sie unerlaubt gebrautes Bier unter Preis veräußerten.

1560 wird das altkölnische Brau- und Wirtshaus »in der Klucht gehaischen in der Dranckgassen gelegen« umgetauft und heißt fortan »In der poe« (Im Pfau). Es handelt sich dabei um die im Zweiten Weltkrieg zerstörte Gaststätte »Zur Kloog«. Hier verkehrten vor allem Originale, wie zum Beispiel der berühmte »Möler Böck« und andere Nachtschwärmer.

1564 wütet die Pest zum zweiten Mal in Köln. Diesmal fallen ihr 12.000 Menschen zum Opfer. Andere Berichte sprechen sogar von der doppelten Zahl. Im Rahmen einer Säuberungsaktion der gesamten Stadt will man Bettler und Müßiggänger, aber auch Schotten, Wallonen, Luxemburger und Zigeuner aus der Stadt entfernen.

1571 findet ein besonders üppiges »Banneressen« im Brauerzunfthaus statt. Zu dieser Zeit gibt es in Köln wieder 70 Brauereien.

1572 wird die Malzmühle auf dem Malzbüchel errichtet. Sie hatte fortan ein Monopol.

1573 lässt der Rat der Stadt auf dem Filzengraben eine wassergetriebene Malzmühle errichten. Hierhin wird das Malz in Säcken mit dem Fuhrwerk zum Schroten gebracht. Die Brauknechte vertreiben sich die Wartezeit mit Würfel- und Kartenspielen. Dabei kommt es natürlich oft zu wüsten Schlägereien, weshalb die Spiele später auch von der Zunft verboten werden.

1582 wird das Gaffelhaus am Altermarkt (Haus »Zur Brezen«) fertig gestellt. Es ist ein Doppelgiebelhaus, wie es um diese Zeit der Stil der Renaissance-Baukunst verlangt. Die Front ist mit zahlreichen Fenstern versehen, die viel Licht in die Räume lassen.

1589 stand ein Brauhaus »Zur Clucht, Kloigh« an der Großen Neugasse (spätere Straßenumbenennung: Am Bollwerk). Das historische Brauhaus »Em Bart« auf dem Brand wird erstmals bezeugt. Im Salzrümpchen wird eine Hausbrauerei mit Gast- und Schankstätte eingerichtet.

Das Gaffelhaus »Zur Brezen« um 1900

1589 wird das Haus »Im Mergenbild« (Marienbild) an der Rathausseite des Altermarkts urkundlich erwähnt. Das Marienbild galt als Schutz der Muttergottes gegen die Pest und ist auch traditionell heute noch in einigen Brauhäusern zu finden.

1589 beschreibt der Chronist Weinsberg ausführlich den jährlich veranstalteten »Holzfahrtag«. An diesem Tag zogen die Gaffeln gemeinsam in die kleinen Wäldchen vor der Stadtmauer und schlugen das Brennholz, das man für den Heizbedarf im Winter benötigte.

Die obligatorischen »Marienbildchen« in Kölner Brauhäusern

Maria, die Mutter Gottes, war seit Jahrhunderten die am meisten verehrte Heilige der katholischen Christen, ganz besonders im Gebiet zwischen Rhein und Maas. Unzählige Marienstatuen und sakrale Abbildungen auf Altären findet man hier noch heute. Außerdem stand sie Pate für zahlreiche Namen von Kirchen und Klöstern. Natürlich waren im »Hilligen Köln« die Marienkirchen besonders prächtig. Auch die vielen Marienfeste von Maria-Lichtmess, Maria-Geburt, Maria-Ablass, Maria-Empfängnis und Maria-Himmelfahrt waren fester Bestandteil des katholischen Kirchenjahres. Die Wallfahrten und Prozessionen zu Maria-Himmelfahrt waren Glanzlichter der rheinischen Marienverehrung und wurden entsprechend begangen. Dass bei diesen Gelegenheiten auch immer reichlich kölnisches Bier floss, sei hier nur am Rande erwähnt.

In Köln waren der Gottesmutter die Kirchen Maria-Himmelfahrt, Maria im Kapitol, Maria Lyskirchen, Maria in der Schnurgasse (jetzt Maria im Frieden) und die wundertätige »Schwarze Muttergottes« in der Kupfergasse geweiht. Die Kirche Maria ad Gradus (Zu den Stufen), hinter dem Domchor an den Stufen zum Rhein gelegen, war eine der bekanntesten Marienkirchen Kölns. Doch obwohl sie eine wichtige Stiftskirche der Stadt war, wurde sie im Jahr 1817 gesprengt. Der Blick auf den Dom und auf seine Umgebung wurde dadurch frei.

Die Marienabbildungen in Köln waren ebenso prächtig wie zahlreich und die »rheinischen Madonnen« weit über Kölns Grenzen hinaus bekannt. Die berühmteste Madonna ist wohl auf dem von Stephan Lochner geschaffenen

»Altarbild der Stadtpatrone« von 1445 abgebildet, dessen glanzvoller Mittelpunkt selbstverständlich Maria mit dem Jesuskind ist. Ihr huldigen die Heiligen Drei Könige. Das Bild war das Altarbild der Ratskapelle, von wo es 1809 in den Dom wechselte. Hier wurde es unter dem Namen »Dombild« weltberühmt. Weitere bekannte Mariendarstellungen sind die »Mailänder Madonna«, die sich ebenfalls im Dom befindet, die Schiffermadonna in Maria Lyskirchen und die »Thronende«, heute im Schnütgen-Museum. Neben den vielen künstlerischen Mariendarstellungen gab es allerdings auch zahlreiche einfache Statuen, die der heiligen Maria als wichtiger Schutzpatronin geweiht waren. Sie befanden sich meist an den Ecken der Außenfront in Höhe der ersten Etage über dem für das Kölner Wohnhaus typischen Zwischengeschoss. Sie thronten auf kleinen schmuckvollen Podesten und wurden durch eine Muschel, dem Pilgerzeichen, von oben geschützt. Eine der schönsten Mariendarstellungen befand sich am Brauhaus »Zur Stadt Coblenz« am Rheinberg. Obwohl die Brauer in St. Peter von Mailand einen eigenen Schutzpatron besaßen, konnte dieser »italienische« Heilige nie die dem rheinischen Volksglauben so vertraute Gottesmutter Maria ersetzen.

Das »Marienbildchen« auf der Aachener Straße

Das bekannte Brauhaus »Zum Marienbildchen« trug seinen Namen an seiner Fassade. Die Brauerei wurde im letzten Weltkrieg zerstört und nachher nicht mehr aufgebaut. Durch die totale Zerstörung Kölns, vor allem der Altstadt, verschwanden die Marienbildchen beinahe alle von den Häuserfronten. Den traditionsreichen Namen »Zum Marienbildchen« übernahm nach dem Kriege ein bekanntes Feinschmeckerlokal auf der Aachener Straße.

Nur einige wenige Kölner Brauhäuser retteten die Tradition der Marienbildchen in die Nachkriegszeit hinüber. Waren sie vor dem Zweiten Weltkrieg fester Bestandteil jedes zünftigen Brauhauses, so befinden sich heute nur noch vereinzelt Marienbildchen in den Brauhäusern, zum Beispiel bei Sion, Unter Taschenmacher; bei Früh, Am Hof und bei Päffgen in der Friesenstraße. Letzteres Brauhaus verfügt sogar wie in alter Zeit über ein »Ewiges Licht« unter der Marienstatue, das allerdings dem heutigen technischen Standard entsprechend permanent elektrisch betrieben wird.

Elektrisch oder nicht, die Marienbildchen gehören traditionsgemäß zu einem Brauhaus wie der Mostert zum Halven Hahn. Es wäre zu wünschen, dass mehr Brauhäuser den alten Brauch wieder aufnehmen würden, der die Kölner Brauhaus-Kultur einst so unverwechselbar machte. Im Brauhaus so ganz nebenbei den »Segen von oben« zu erhalten, hat bekanntlich noch niemandem geschadet.

Die Brauerei »Zum Marienbildchen«, Foto: August Sander

1594 beharren in einer juristischen Auseinandersetzung zwischen dem Rat der Stadt Köln und dem Brauamt einerseits und den Franziskanern (Minoriten) andererseits die Mönche auf ihrem Braurecht.

1548–1612 lebte der Brauer und Bannerherr der Brauerzunft Peter Oeckhoven. Er war zwischen den Jahren 1594 und 1609 Ratsherr und von 1610 bis 1611 auch Bürgermeister der Stadt Köln.

1600 findet man in der kölschen Sprache bereits das Wort »Weetshus«, die Urzelle der heute noch so beliebten »kölschen Weetschaft«. In diesen Wirtshäusern war das Glückspiel verboten, und die Wirte mussten unbescholten und verheiratet sein und einen festen Wohnsitz haben. Abends um neun Uhr war Polizeistunde. Bei Überschreiten musste der Wirt einen Gulden Strafe zahlen, was für damalige Verhältnisse eine gewaltige Summe war.

Typische »kölsche Weetschaft« um 1900: die »Kloog«

Das Brauereiwesen im Jahrhundert des Dreißigjährigen Krieges

Nach 1600 stand Köln noch einmal im Mittelpunkt weltweiter wirtschaftlicher und politischer Interessen und Beziehungen. Während ringsum am Rhein und im Reich die Fackel des unseligen Krieges, von französischen, spanischen, schwedischen, dänischen und niederländischen Truppen in Deutschland entzündet, emporloderte und von hier aus halb Europa in Brand setzte, verstand die freie Reichsstadt Köln es durch eine kluge und weitsichtige Politik, Freund und Feind zur Respektierung ihrer wirtschaftlichen Interessen und Notwendigkeiten zu veranlassen. Sie blieb nicht nur selbst neutral und schützte dadurch ihre Bevölkerung, sie bewahrte auch Tausende von Flüchtlingen, die hinter den festen Mauern der Stadt Schutz gesucht hatten, vor den Schrecken des Krieges. Die wirtschaftliche Blüte der Stadt in dieser Kriegs- und auch noch in kurzer Nachkriegszeit kam unter anderem auch dem Brauerei- und Gaststättenwesen – als neutralem Platz inmitten der kriegerischen Wirren – zugute. Sie verschaffte der Stadt besondere Bedeutung für diplomatische Kontakte und langwierige Waffenstillstands- und Friedensverhandlungen, konnte aber nicht verhindern, dass Köln später in den allgemeinen Sog des durch Krieg, Hunger und Seuchen bewirkten Niedergangs des Reiches mit hineingerissen wurde.

1603 verbietet der Rat der Stadt den »kölschen Knupp«, die für schädlich gehaltene Untergärung, in Köln immer öfter. Die Wirte im benachbarten »Ausland«, in Nippes, Riehl und Am toten Juden, alle im Kurkölnischen gelegen, machen sich das zunutze und ziehen durch untergäriges Brauen den stadtkölnischen Wirten viel Kundschaft ab.

1607 darf nur noch Ratsbier ausgeschenkt werden. Die Stadt besitzt praktisch das Braumonopol. Doch diese frühe Form der »Staatlichen Zwangswirtschaft« funktionierte damals schon nicht. Die Produktion und damit die Einnahmen sinken beträchtlich. Unter dem Druck der fehlenden Einnahmen privatisiert die Stadt das Braurecht wieder. Die Zahl der privaten Brauereien nimmt sofort wieder zu und steigt auf etwa 80 bis 90 an.

1612 stirbt Peter Oeckhoven, der es vom einfachen Brauer zum Bannerherr seiner Zunft und im Jahr 1610 zum Bürgermeister der Freien Reichsstadt gebracht hatte. Es ist das Jahr der Erbauung des neuen Zunfthauses.

1614 ist der altkölsche Wirtshausname »Em decke Tommes« für eine Gaststätte in der Glockengasse bezeugt (Foto unten).

1616 erbt der Brauer Wilhelm von Lülsdorf ein Steinhaus in der Spitzengasse.

1635 ist Sergius Außem (gestorben 1635) der Brauereibesitzer im bekannten Haus »Zur Kloog« am Bollwerk, nahe dem Rheinufer. Als Gaststätte besteht dieses Haus noch bis heute.

1650 wird erstmalig der »Schabau« erwähnt, das Wort ist vom lateinischen »vinum Sabaudicum«, dem »Savoyer Wein«, abgeleitet.

1676 erbaut der Bierbrauer und Ratsherr Heinrich Deutz auf der Severinstraße das repräsentative »Haus Balchem«. Im gleichen Jahr erneuert der Rat der Stadt Köln sein Dekret gegen den Besuch der Tollbierkneipen im Vorfeld der Stadt, am Neppes an der Münze und am »Dude Jüd« (Am toten Juden, heute Markthalle).

1700–1794 sind schlimme Jahre für die alte freie Reichsstadt Köln, Jahre des politischen und wirtschaftlichen Niedergangs. An ihrem Ende steht auch der inhaltliche Zusammenbruch des alten Reiches und des habsburgischen Kaisertums, in deren Schutz und Huld Köln einst große und bedeutende Epochen glorreicher Geschichte erlebt hatte. Durch die Verlagerung der Welthandelswege und der wirtschaftlichen Schwerpunkte, aber auch durch die egoistische Territorialpolitik der Landesherren von Kurköln, Jülich, Kleve und Berg hat die Reichsstadt Köln viel von ihrer einstigen politischen Bedeutung, vor allem aber die Grundlagen ihrer einst führenden Stellung als wirtschaftlicher Mittelpunkt und als Handelszentrum im Westen Deutschlands, verloren. So fällt die Reichsstadt mit dem ganzen linken Rheinufer 1794 den siegreich vorrückenden Truppen der Französischen Revolution als leichte Beute zu. Die 20 Jahre französischer Fremdherrschaft am Rhein bedeuten in vielem einen Tiefpunkt kölnischer Stadtgeschichte.

1709 verbietet der Rat der Stadt zum wiederholten Male das Brauen von untergärigem Bier, das dann später aber außerhalb der Stadtmauer am Bayenturm und in Nippes von den Kölnern gern getrunken wird.

1724 finden wir erstmals den »Fusel« als Schnaps geringster Qualität erwähnt. Schnaps trank man in speziellen, kleinen Kneipen – einem Brennerei-Ausschank –, wie zum Beispiel nach 1945 in der Brennerei Hermanns am Severinstor oder der Brennerei Esser am Eigelsteintor. Die letzte, die ihre Pforten schloss, war die Brennerei Weiß am Hahnentor.

1733 das Jahr, in dem »om Neppes jode Knupp« getrunken wird, stirbt der Großvater von Ferdinand Franz Wallraf, Kölns verdientem Erz- und Ehrenbürger, als Brauer in der »Salzrump«. Wallrafs Mutter Elisabeth, geborene Nettesheim, kam ebenfalls aus einer Brauerfamilie.

1745 befindet sich im »Stubenbrauhaus« in der Follerstraße im Garten ein haushoher Baum, der als das schönste Exemplar seiner Gattung im ganzen Rheinland gilt. Zur Kirmeszeit nahmen zehn bis zwölf Musiker dort Platz und spielten zum Tanz im Grünen auf.

1769 wird die Wirtschaft »Em Birbäumche« an St. Ursula mit Lambert Gatzweiler als »Bräuer un Weet« erwähnt.

1770 kostet eine Maß »gemeines Bier«, auch »Schillingsbier« genannt, 1 Schilling, also etwa 2 Pfennige. Eine Maß »gutes braunes Bier«, auch »Knupp« genannt, kostet dagegen 2 Stüber, also etwa 8 Pfennige.

1777 soll laut Ratsbeschluss jedes Brauhaus, welches frisches Bier im Anstich hat, einen aus geschälten Weiden geflochtenen Hopfenkorb an einem Seile schwebend vor seinem Haus am Giebel hängen haben. Morgens wurde der Korb am Brauhausgiebel hochgezogen.

1789–1814 besetzen die französischen Revolutionstruppen Köln und werden begeistert empfangen. Der »Freiheitsbaum« wird auf dem Neumarkt aufgebaut. Die Gewerbefreiheit wird eingeführt. Es gibt das »Bräues op dr Vringsstroß«.

1794 im Jahr der Besetzung Kölns durch die Truppen der Französischen Revolution, begegnet einem im Kölnischen erstmals das Wort »Schnaps« für Branntwein.

1797 heben die Franzosen, die seit 1794 Köln besetzt halten, alle Zünfte auf. Nach der Auflösung wird das Brauer-Zunfthaus zum französischen Domäneneigentum erklärt und am 23. November 1808 von Napoleon I. in dem Dekret von Burgas neben anderen Gebäuden der Stadt Köln geschenkt, um deren dringendstem Bedarf an Räumen für die neue Kommunalverwaltung zu genügen.

Die Bedeutung der Brauerzunft bis zum Ende des alten Reiches geht aus der Tatsache hervor, dass acht Brauer als Bürger-Hauptleute der Stadtmiliz tätig sind. Acht weitere Brauer sitzen als Ratsherren oder Ratsverwandte (Beigeordnete) im Magistrat der Stadt Köln. Die Franzosenzeit hat für die Stadt Köln das Ende der überkommenen Jahrhunderte alten Wirtschafts- und Handelsformen und mit der Auflösung der Zünfte und Gaffeln auch das Verbot der Kölner Brauerzunft gebracht. Mit dem Übergang Kölns und des Rheinlandes an Preußen kommen zwar zunächst wiederum einige Jahrzehnte wirtschaftlicher Not und Bedrängnis. Doch dann wächst Köln dank der Tatkraft seiner Bürger und der Zugehörigkeit zu einem großen und mächtigen Staate rasch zur wirtschaftlichen Metropole der Rheinprovinz und zum bedeutendsten Handels- und Verkehrsknotenpunkt im Westen Deutschlands heran. Im alten Brauereigewerbe hielten neue Techniken und Initiativen ihren Einzug. Es ist für den Historiker hochinteressant zu verfolgen, wie sich neben den Methoden der neuen Zeit altkölnische Eigenart und Gemütlichkeit noch lange zu behaupten vermögen, wie reich gerade das 19. Jahrhundert an echten Kölner Originalen ist und wie die kölsche Wirtschaft, nicht zuletzt dank zahlreicher heimatbewusster Kölner Brauer und Wirte, lange Jahrzehnte hindurch eine bevorzugte Pflegestätte kölscher Sprache, Sitte und Eigenart war.

1803 werden nach der Säkularisation des Klosters der Dominikaner in der Stolkgasse das Gemälde der Rosenkranzkönigin und die Statue des heiligen Petrus von Mailand mitsamt der Bruderschaft in die Andreaskirche übertragen, in der diese nun bis zur Gegenwart beheimatet sind.

1808 schenkt Kaiser Napoleon Bonaparte der Stadt Köln das beschlagnahmte Brauerzunfthaus zur Errichtung einer Primärschule (Grundschule). Die Stadt behält es bis 1862 und verhökert es dann an die Firma Leybold. Ein Versuch der Brauer, das Haus 1815 von der preußischen Verwaltung zurückzuerhalten, scheitert.

1814 verlassen die Franzosen Köln, die von ihnen so benannte »Ville de Cologne« und Preußen; Russen besetzen Köln und das Rheinland. Handel und Handwerk erleben einen neuen Aufschwung. Sie hinterließen den Kölnern außer Paraplü und Fisternöll auch die Numerierung der Gebäude wie z.B. 4711.

1822 gibt es laut Greven's Adressbuch wieder 91 Braubetriebe. Die neue preußische Verwaltung kann erste Erfolge aufweisen, die aber den Groll der Kölner über die neuen Herren nicht ganz verdrängen können. Doch nach und nach akzeptieren sie die kaiserliche Verwaltung aus dem fernen Berlin, die dann bis zum Ende des Ersten Weltkrieges am Rhein herrscht. Auch der Ausbau Kölns zur Festungsstadt bringt viel Geld, und das dort in zahlreichen Kasernen stationierte Militär steigert vor allem den Bierkonsum.

1830 wurde von dem bayerischen Unternehmer Rothschild der erste Versuch unternommen, die untergärige Brauart in Köln einzuführen. Doch er schlug fehl. Nach sechsjährigem Bestehen wurde die in der Severinstraße liegende Brauerei in eine Zuckerfabrik umgewandelt. Erst die zu Anfang 1850 eingeführte Kellerkühlung durch größere Eismassen, die im Winter in besonderen Kellern neben oder zwischen den Lagerkellern aufgehäuft wurden, bahnte der Untergärung endgültig den Weg. Dieses neue Verfahren wurde aber erst möglich auf der Grundlage der neuen Verkehrstechnik, da in eisarmen Jahren Eis zu Schiff von Norwegen gebracht werden musste. Die Schwierigkeit der Eisbeschaffung wurde durch die geringe Isolierung der Keller noch gesteigert, sodass das Eis in heißen Sommern schnell schmolz.

1839 erreicht die Zahl der Brauereien einen vorläufigen Höhepunkt. Man zählt in der Stadt Köln bei etwa 75.000 Einwohnern 109 Brauereien.

1840 entwickelt sich das in der nahen Eifel gelegene Niedermendig zwischenzeitlich zum Brauzentrum, weil dort die in unterirdischen Steinbrüchen entstandenen Felsenkeller keiner künstlichen Eiskühlung bedurften. In den 1870er Jahren gibt es hier bis zu 25 Betriebe. Durch die Eismaschine veränderte sich die Brauhauskonzentration wieder.

Im selben Jahr wird auf dem Perlenpfuhl 15 die erste bayerische Bierstube gegründet. Es steigt in größerem Umfange die Einfuhr fremder Biersorten, und das Emporkommen eines nicht mehr mit der Produktion verbundenen Gastwirtsgewerbes nimmt zu. Im Wettbewerb überwiegt jedoch zunächst das Bier aus der näheren Umgebung. Die Zufuhr bayerischen Bieres, das mit dem Schiff von Bamberg, Kulmbach und Würzburg auf dem Main und Rhein herunterkam, beträgt 1848 erst 2.200 Hektoliter. Diese dem Brauereigewerbe abträgliche Entwicklung kommt in einem Absinken der Produktion von 120.000 Hektolitern im Jahr 1835 auf 86.000 Hektoliter im Jahr 1849 zum Ausdruck.

1846 gibt der Volksmund zur Erinnerung an revolutionäre Unruhen in Köln einer Wirtschaft in der Neugasse den Namen »Em gebaschten Dragoner«.

1848 oder 1849 streuen französische Agenten im Wirtshaus »Krone« am Griechenmarkt Geld unter die Leute, um die revolutionäre Stimmung zu schüren. Die Gäste nehmen zwar das Geld, aber der gewünschte Krawall bleibt aus.

1850 etwa überschreitet Köln die Einwohnerzahl von 100.000 und wird Großstadt. Es gibt 114 Brauereibetriebe in der Stadt. Die ständig fortschreitende Industrialisierung fördert die Einrichtung von Großbrauereien und zwingt damit viele der kleinen Hausbrauereien zur Aufgabe.

Die industrielle Revolution und erste industrielle Brauversuche

Die industrielle Revolution setzt um 1850 ein: James Watt erfindet die Dampfmaschine, Carl v. Linde die maschinelle Kühlung, Louis Pasteur ein Verfahren zur Haltbarmachung der Biere. Mit der Französischen Revolution und der gleichzeitigen Verbreitung der neuen Ideen von Einheit, Gleichheit, Brüderlichkeit bricht auch für die Stadt Köln und das Rheinland eine neue Zeit an. Als die Revolutionstruppen im Jahr 1794 kampflos in Köln einmarschieren, werden sie vom größten Teil der Bevölkerung freudig begrüßt. Das ändert sich aber schnell, als man merkt, dass diese Soldaten keine idealistisch gesinnten Befreier, sondern in ihrer Mehrzahl eher egoistische Okkupanten waren. Trotzdem sind die von ihnen eingeführten Neuerungen ein für das 400 Jahre dahindämmernde reichsstädtische Köln ein heilsamer Schock. Besonders drei ihrer Maßnahmen erweisen sich für Wirtschaft und Handel als wahre Lokomotiven:

1. *Die 1798 verfügte Aufhebung der Zünfte und Einführung der Gewerbefreiheit.*
2. *Die 1802 durchgeführte Säkularisation, die Übernahme des katholischen Kircheneigentums durch die Regierung.*
3. *Die Einführung des fortschrittlichen französischen Rechtssystems, des code civil von 1804, der für eine weitgehende Rechtssicherheit sorgte und später auch in Teilen von Preußen übernommen wurde.*

Als im Jahr 1815 nach dem Niedergang der Napoleonischen Ära die Preußen die Macht am Rhein übernehmen, beginnt eine stürmische Zeit für Wirtschaft und Handel. Zunächst entwickelt sich die neue Zeit für das Braugewerbe langsam und allmählich, Köln zählt 1827 etwa 110 kleine Hausbrauereien mit durchschnittlich zwei Beschäftigten (ein Meister und ein Brauerbursch), die Wieß und Brung (ungefiltertes Obergäriges) brauen. Erste industrielle Brauversuche macht bereits 1838 der Brauer Thomas Ehemann mit einer »untergärigen Baierischen Bierbrauerei« in der Thürmchensgasse 19, nahe dem Rheinufer. Diese Brauerei geht später in der Cöln-Niedermendiger Actien-Brauerei in Mülheim auf.

Das Severinstor nach dem Umbau als Festungsanlage durch die Preußen, im Vordergrund peußisches Militär. Aquarell von J. Scheiner (1877)

1858 führt der Bierbrauer Johann Baptist Firmenich als »kölsche Tillekateß« das »Krüstchen warm« und die »Portion Surbrode« (aus Pferdefleisch) in seiner Wirtschaft ein.

1861 weist das Stadtgebiet inklusive der Vororte insgesamt 119 Brauereien auf. Die »goldenen Jahre« sind gekennzeichnet durch immer neue Betriebsgründungen. Manche Brauereibetriebe verschwinden aber auch schnell wieder. Der allgemeine Biergeschmack geht weg vom Kölsch hin zu den »modernen« untergärigen Sorten Pilsener und Export.

1862 versteigert die Stadt Köln das ehemalige Zunfthaus der Brauer in der Schildergasse. Der Kölner Unternehmer und Konditor Franz Stollwerk mietet die großen und prachtvollen Säle für ein Bankethaus.

1863 dienen das frühere städtische Gruithaus am Marienplatz und ein Haus am Mühlenbach der Bierbrauerei am Marienplatz und am Mühlenbach mit Gaststätte und Ausschank (später Brauhaus Heinr. Kolter).

1868/69 betreibt der Wirt Heinrich Küpper in der Höhle Nr. 40 die berühmt-berüchtigte Gaststätte »Em armen Deuvel«. Den Namen trug sie aus dem Grunde, weil es in der spartanisch möblierten Kneipe nur einen Tisch für das Fass und keine Theke und keine Stühle gab.

1870 stellt die Brauerei »Zum Holz« (zeitweise auch »Zum Nyhl« genannt) in der Breite Straße 64 wegen des Baues des Dumont'schen Verlagshauses ihren Betrieb ein. Heute befindet sich dort das Einkaufscenter »Du-Mont-Karree«.

1870–1871 ist die Blütezeit des Kölner Brauwesens im Kaiserreich. 1870 erreicht Köln mit 135 in Betrieb befindlichen Unternehmen einen Höhepunkt. Es handelt sich bei dieser Entwicklung noch fast aus-

schließlich um die handwerkliche obergärige Brauerei. Die untergärige, zum Großbetrieb drängende Brauerei war seit dem Ende der 1850er Jahre lediglich durch die »Ehemann'sche« Brauerei in der Thürmchensgasse vertreten, die einen Zweigbetrieb in Niedermendig führt und im Jahr 1872, nachdem sie bis dahin reines Familienunternehmen war, in die Köln-Niedermendiger Aktien-Brauerei umgewandelt wird. Die Brauhäuser schießen wie Pilze aus dem Boden, und außerhalb der Innenstadt trinkt man sein Bier in den Ausflugs- und Tanzlokalen. Besonders beliebt ist der »Ahle Kohberg« an den Siebenburgen. Hier verkehrt vor allem das Militär (»Och wat wor dat fröher schön doch in Colonia, wenn dä Franz mem Nies n'om ahle Kohberg ging«). Der gewonnene Krieg gegen die Franzosen bringt einen enormen wirtschaftlichen Aufschwung, der sich auch im Brauwesen durch die Gründung großer industrieller Brauereien bemerkbar macht. Trotz der zunehmenden Einfuhr fremder Biere steigt die Produktion der Kölner Brauereien von circa 160.000 Hektolitern im Jahr 1870 auf circa 550.000 Hektoliter im

Jahr 1900 und nach der Eingemeindung von Kalk und Mülheim auf circa 700.000 Hektoliter im Jahr 1914 an. Die Technik hat der Untergärung das Rüstzeug geliefert, um einen Erfolg verheißenden Kampf gegen die Obergärung beginnen zu können, und zugleich zerschneidet sie das uralte Band zwischen Malzbereitung und Brauerei. In der ersten Hälfte der 1870er Jahre entstehen die ersten Malzfabriken in Köln, die zahlenmäßig schnell bis auf 15 im Jahr 1896 anwachsen, dann aber ebenso schnell dem Gesetz der Konzentration verfallen. Die Abtrennung der Mälzerei bedeutet einen Einnahmeausfall, der besonders die handwerklichen Brauereien hart trifft, ebenso wie die um die gleiche Zeit erfolgende Verdrängung der Brauhefe durch die aus Holland eingeführte Presshefe.

1872 geht die ehemalige Brauerei und Brennerei sowie stadtbekannte Wirtschaft »Zur Rübe«, St. Apernstraße 75, Ecke Friesenstraße, ein. Auch die Wirtschaft »Zum Bäumchen« in der Komödienstraße, Ecke Neugasse, schließt ihre Tore. Es erfolgt in diesem Jahr die Umwandlung der alten Ehemann'schen Brauerei in eine Aktienbrauerei. Im Jahr 1874 wird die sehr bedeutende Rheinische Brauereigesellschaft an der Alteburg gegründet, 1878 folgen die Feldschlößchen-Brauerei in Nippes von Hennig & Naumann, die Vergrößerung der Sünner'schen Brauerei in Deutz und die Verlegung des Brauereibetriebes derselben nach Kalk, 1888 die Kalker Brauerei AG, vormals Jos. Bardenheuer, um 1890 die Vergrößerung der Brauerei Winter aus der Schildergasse und Verlegung des Brauereibetriebes derselben nach Lindenthal, 1891 die Bergische Löwen-Brauerei in Höhenhaus, 1899 die Germania-Brauerei in Mülheim, 1900 die Hirsch-Brauerei und 1908 die Balsam-Brauerei AG in Mülheim. Das Aufsteigen der untergärigen Großbrauereien geht zusammen mit der Eingemeindungspolitik der Stadt Köln und der raschen Zunahme der städtischen Bevölkerung. Die obergärigen Hausbrauereien sind weder in ihren Persönlichkeiten noch in den sachlichen Verhältnissen stark, wendig und anpassungsfähig genug, um sich diese Entwicklung zunutze zu machen. Sie vermögen zu einem guten Teil nicht einmal den gegen sie gerichteten Stoß aufzufangen und fallen mit ihren guten altbekannten Gastwirtschaften den Großbrauereien als Beute anheim. Während im Jahr 1875 noch 110 Hausbrauereien vorhanden sind, sinkt ihre Zahl 1885 auf 89 und 1895 auf 67. Im Jahr 1900 bestehen noch rund 55 Häuser. Diese Zahl hält sich bis zum Ersten Weltkrieg.

1873/74 wird die alte Brauerei »Zum Esel«, Breite Straße 126, nach 469-jährigem Betrieb eingestellt. Die Gaststätte wird weitergeführt und ist heute für ihre zahlreichen Muschelgerichte bekannt.

1875 wird von Barmen aus die erste Eisfabrik in Köln gegründet. Die Einführung der Eismaschine und die Entwicklung eines besseren Wärmeschutzes der Keller sollen die Nachteile der Lage und des Klimas ausgleichen. Diese Entwicklung räumt den untergärigen Großbrauereien die letzten Hindernisse aus dem Wege und erschüttert die Bedeutung der Felsenkeller. Die Brauereien können ihre Sitze wieder in die Großabsatzgebiete, in die Städte, zurückverlegen. In Köln gibt es zu dieser Zeit 110 Hausbrauereien. Auch die Einführung des Flaschenbieres im selben Jahr, ein auf die untergärigen Brauereien beschränkter Versuch, soll dem Bier als Haustrunk neue Möglichkeiten erschließen. Der Vertrieb erfolgt meist durch Bierverleger, deren Zahl im Jahr 1900 auf 94 und 1913 auf 111 ansteigt.

1876 gibt Heinrich Klein in seinem Mundartgedicht »Klagelied des kölschen Bieres« eine »Kölnische Wirtschaftsgeographie« jener Zeit zum Besten und besingt darin das allgemeine Sterben der kleinen handwerklichen Hausbrauereien in diesen Jahren.

1880 bis 1889 kostet beim Wirt Luhr auf dem Eigelstein, genannt »die Luhr'se Plaat«, ein halbes Liter Kölsch nur einen Groschen. Der Andrang des Publikums soll gewaltig gewesen sein.

1889 wird Luhrs Wirtschaft »Em halve Mond« auf dem Eigelstein abgerissen. Womöglich deckt sein Bierpreis doch nicht die Kosten.

1890 wird die Konzessionspflicht eingeführt. Sie reglementiert die kleinen Hausbrauereien noch zusätzlich. Die Öffnungszeiten werden gekürzt und damit der Konsum beschränkt. Die gesamte Gastronomie ist dadurch rückläufig. Für die kleinen Hausbrauer ist sie tödlich.

1900 gibt es nur noch rund 50 Hausbrauereien in der Stadt Köln. Die gewichtige Konkurrenz der wachsenden Zahl der industriellen Großbrauereien kostet viele Hausbrauereien die Existenz. Um die Jahrhundertwende steht einer Kölner Biererzeugung von 531.090 Hektolitern eine Einfuhr von 278.610 Hektolitern gegenüber, und im letzten Friedensjahr 1913 beträgt die Eigenproduktion 634.600 Hektoliter gegenüber 205.000 Hektolitern Einfuhr. Nach dem Ersten Weltkrieg macht die Einfuhr fremder Biere schon ein Drittel des gesamten Kölner Verbrauchs aus, von dem wiederum ein Viertel aus der näheren Umgebung kommt, der Rest kommt aus Bayern, Westfalen, Böhmen und England.

1902 kommen in der kölschen Hausbrauerei Lölgen, Hohe Pforte 8, nach der Jahrhundertwende die Freunde alten Brauchtums und der Kölner Mundart regelmäßig zusammen. Hier fassen sie den Plan zur Gründung des Heimatvereins Alt-Köln.

1903 stirbt mit dem »Schäbens Tünn«, dem Bierbrauer des bekannten Brauhauses »Zur Zweipann« in der Breite Straße, einer der volkstümlichsten Kölner seiner Zeit. Er war der Neffe des Landtagsabgeordneten Wilhelm Scheben.

1906 erschwert die erlassene preußische Biersteuer die Lage der Kölner Brauer, denn das bedeutet höhere Bierpreise und weniger Umsatz. Die Zahl der Betriebe sinkt auf 57. Der Biermarkt ist im Umbruch, und nur die großen Aktienbrauereien und einige leistungsfähige Hausbrauereien überleben diesen Wandel im Markt. Erst 1912 stabilisiert sich der Markt, die Zahl der Braubetriebe steigt wieder auf 71.

1900–1913 steigt die Zahl der Einwohner in Köln von 372.000 auf 544.000. Daher erklärt sich womöglich, dass der Kölner Gesamtkonsum nach einer vorübergehenden Senkung von 813.000 auf 839.000 Hektoliter ansteigt, obwohl der in Köln erheblich über dem Reichsdurchschnitt liegende Verbrauch pro Kopf in diesen Jahren von 218 auf 154 Liter Bier sinkt.

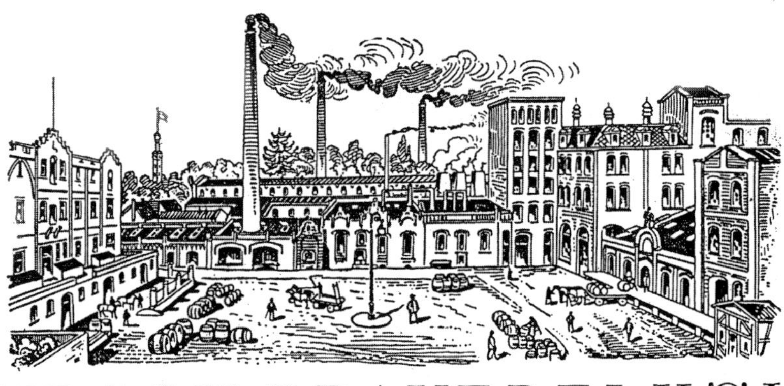

HIRSCH-BRAUEREI KÖLN

AKTIEN-GESELLSCHAFT

KÖLN-BAYENTHAL

Die Großbrauereien suchen die Ausweitung des Verbrauchs durch Verbilligung des Bierpreises zu fördern und treiben damit im Gegensatz zu den Hausbrauereien eine kurzsichtige Absatzpolitik, denn sie verkennen den Gang ihrer Entwicklung und zugleich die Veränderung der wirtschaftlichen Lage.

1907 fällt auch die stadtbekannte Bierbrauerei Johannes (Jean) Weber am Kleinen Griechenmarkt dem Abbruch zum Opfer.

1914 gibt es in fast allen kölschen Kneipen »nen Halven Hahn« für einen Groschen. Den »Schnett«, ein Glas Kölsch, trinkt man für 5 Pfennig. Während des Ersten Weltkrieges geht die gute alte Zeit und mit ihr die Blütezeit der Kölner Hausbrauereien und der gemütlichen kölschen Wirtschaften alten Stils langsam zu Ende.

1914–1918 dauert der Erste Weltkrieg an. Nach dem Ende des Krieges folgt die Weimarer Republik, die enorme wirtschaftliche Schwierigkeiten (Inflation) mit sich bringt. Der Gesamt-Bierkonsum sinkt im Deutschen Reich gegenüber der Vorkriegszeit um die Hälfte.

1920–1933 wird in den vielen Vergnügungslokalen in der Altstadt Shimmy, Foxtrott und Charleston getanzt. Es sind die Goldenen 20er und 30er Jahre. Auch der Biermarkt schlägt Kapriolen. Man trinkt alles, was auf den Markt kommt. Die Kölner Brauer produzieren in diesen Jahren hauptsächlich untergärige Sorten, wie zum Beispiel Pils und Export. Aber auch Münchner, Starkbiere und – man höre und staune – Altbier und Porter (Hirschbrauerei). Zusätzlich drängen auswärtige Marken immer stärker auf den Kölner Markt und werden auch von den Kölnern akzeptiert. Das Kölsch verkommt zum »Armeleute-Bier«.

1931 geht die Adler-Brauerei in der Hirsch-Brauerei auf, die im Jahr 1938 den Namen Dom-Brauerei annimmt. Im Wesentlichen bleibt der Charakter der untergärigen Brauereien erhalten, es sind meist industrielle Mittelbetriebe, die aus dem Handwerk hervorgegangen sind.

1936 ist das Jahr der Olympiade in Berlin; es boomt im Deutschen Reich. Doch die begeisterte Stimmung soll die Ruhe vor dem Sturm sein, Deutschland erlebt eine letzte friedliche Zeit, denn einige Jahre später bricht die Verwüstung des »Dritten Reichs« über das Land und seine Menschen herein.

1939–1945 ist die große Zäsur des vergangenen Jahrhunderts. Der Zweite Weltkrieg hinterlässt im ganzen Land die Spuren der Vernichtung. Auch das alte »gemütliche« Köln ist verschwunden und beinahe alle Brauereien und Brauhäuser sind ganz oder teilweise zerstört. Auch die Bierproduktion ist völlig zum Erliegen gekommen, denn es fehlt an Rohstoffen zum Brauen. Die Zahl der Brauereien sinkt durch Krieg, Zerstörung und Zwangswirtschaft beträchtlich.

1945–1948 ist die Vorwährungszeit. Ganz Köln, das sind etwa 40.000 Überlebende und Zurückgebliebene, kämpft ums Überleben. Doch der Lebenswille ist stärker als die Resignation, und so beginnt man mit dem Wiederaufbau. Zuerst werden in Gemeinschaftsarbeit mit primitivsten Mitteln Schutt und Trümmer weggeräumt. Man organisiert, repariert, improvisiert und nennt das »maggeln«. In den halbzerstörten Sudhäusern wird heimlich wieder Bier gebraut. Dazu verwendet man das »Trümmer-Malz«, angeblich unter den Trümmern gefundene Reste, in Wirklichkeit aber aus der Voreifel an der englischen Besatzung vorbei geschmuggeltes Malz. Im Jahr 1947 gibt es 13 Braubetriebe.

oh my dear - now a good beer!
MP

Die Entwicklung des Kölschs nach 1946 und der Wiederaufbau der Brauereien

Die zerstörte Eingangstür des Brauhauses »Zur Malzmühle«.

Das Kölsch hat im Laufe der Geschichte schwierige und dornenvolle Zeiten erlebt: die Rohstoffknappheit im späten Mittelalter, den Dreißigjährigen Krieg mit seinen Folgen, die Pest-Epidemien und Zeiten der Missernte. Doch die Folgen des Zweiten Weltkrieges waren der schwerste Schlag für das Kölner Braugewerbe. Die Brauereien waren zerstört, Infrastruktur und Rohstoffzufuhr lagen am Boden, und die Bürger dachten vor allem ans Überleben und nicht ans Biertrinken.

Eine wichtige Ausdrucksform von Kultur ist das Geschichtsbewusstsein, das Besinnen auf die eigene Vergangenheit. Die Erkenntnis begangener Fehlleistungen und menschlicher Unzulänglichkeit führt zu neuen Einsichten, welche oft schmerzlich, aber auch hilfreich und heilsam sind. Eine davon ist, dass kulturelle Errungenschaften nur im Frieden zu bewahren sind. Der Zweite Weltkrieg war das exakte Beispiel dessen, was menschliche Überheblichkeit und Selbstüberschätzung anrichten können. Die Quittung waren Tod und Vernichtung. Der Bombenteppich, der die Stadt Köln von 1942 bis 1945 überzog, kostete 20.000 Menschen das Leben und zerstörte 90 Prozent von Kölns Innenstadt. Köln erlebte insgesamt 262 Luftangriffe, von denen der »Tausend-Bombenangriff« am 30. Mai 1942, der Phosphor-Angriff am 29. Juni 1943, bei dem die ganze Altstadt vernichtet wurde, und das Finale, der Angriff am Vormittag des 2. März 1945, die makabren Höhepunkte bildeten. Um das Ausmaß der Katastrophe zu realisieren, muss man sich vorstellen, dass die Zahl der Bombenopfer etwa der Einwohnerzahl einer Stadt wie Jülich entsprach. Hunderttausende wurden obdachlos und mussten Köln verlassen, meist nur mit dem wenigen, was sie am Leibe trugen oder in Koffern mit sich schleppen konnten. Ende des Krieges lebten in den Trümmern einer Großstadt von ehemals 750.000 Einwohnern noch etwa 40.000 Menschen. Die Altstadt war fast menschenleer und völlig unbewohnbar. Die Menschen flüchteten in die Luftschutzkeller und Bunker und hofften auf ein schnelles Ende dieses unvorstellbaren Wahnsinns.

Waren die Bombennächte ein infernalischer Chor apokalyptischer Musikanten gewesen, so kam das Kriegsende relativ leise daher. Als letztes Angriffsheulen vernahm man am 2. März 1945 noch einmal das Geräusch explodierender Luftminen. Das Bersten einstürzender Mauern ertönte zeitgleich mit dem monotonen Brummen der Bomber und dem Schreien sterbender Menschen. Dieser Tag gab der geschundenen Stadt den Rest. Vier Tage später war der Krieg für Köln zu Ende. Es herrschte Grabesstille, und die Menschen spürten zwar Erleichterung, aber auch eine gewisse Angst vor dem, was nun kommen sollte. Die berühmte Stunde Null war da.

Wie die Mehrzahl der Privathäuser war auch Kölns Industrie am Boden zerstört. Auch das ehemals blühende Brauwesen bestand nur noch aus Ruinen. Schon beim ersten großen Luftangriff am 30. Mai 1943 fiel das Dombräues, die Brauerei Johann Sion, Unter Taschenmacher, in Schutt und Asche. Vielen anderen Kölner Brauereien erging es nicht besser. Ein besonderes Schicksal erlitt die Brauerei Früh am Hof: Nachdem sie 1943 zum ersten Mal von Bomben getroffen ausbrannte, wurde sie 1944 zum zweiten Mal ein Opfer der Flammen. Damit nicht genug – durch die Unachtsamkeit englischer Besatzungssoldaten geriet sie 1945 ein drittes Mal in Brand.

Was im Übrigen die alliierten Bomber nicht schafften, gelang den braunen Machthabern mit ihrer Kriegsbewirtschaftung. Die Mangelwirtschaft der Kriegsjahre manifestierte sich in ständig sinkenden Hopfen- und Gerstezuteilungen. Das bedeutete eine Reduzierung der Stammwürze des Kölschs, was wiederum zu Lasten von Geschmack und Alkoholgehalt ging. Um nun wenigstens den optischen Eindruck des Bieres zu erhalten, erlaubte man den Zusatz von Zuckercouleur. Das so hoch geschätzte Reinheitsgebot wurde einfach aufgehoben. Man trank ein so genanntes »Lagerbier«. Doch auch dessen Produktion war kaum noch aufrechtzuerhalten, da die Brauereien durch Zerstörung und aus Mangel an Ersatzteilen immer öfter stillgelegt wurden. Auch die Energieversorgung stellte die Brauer vor oft unlösbare Probleme. Hinzu kam das Fehlen von qualifizierten Fachleuten. Sie waren entweder Soldaten oder starben daheim im Bombenangriff. Wie zum Beispiel der Brauer Carl Reissdorf, der auf einem Geschäftsgang am Morgen des 2. März 1945, also wenige Tage vor Ende des Krieges, vom letzten schweren Bombenangriff auf Köln überrascht wurde. Er blieb für immer spurlos verschwunden.

In der ersten Zeit nach Kriegsende hatten die Leute andere Sorgen als Bier zu trinken. Man war froh, dass man überlebt hatte, und außerdem waren die

Brauereien weitgehend zerstört. Gaststätten gab es kaum noch, und wenn dann meistens nur in den Vororten. Zudem fehlten jegliche Rohstoffe und auch die Brauer. Sie waren teils in Gefangenschaft, teils evakuiert. Die ersten, die wieder brauen ließen, waren die englischen Besatzungstruppen. Sie bezogen ihr so genanntes »Naafi-Bier«, das nur speziell für das Militär gebraut wurde, von der intakt gebliebenen Brauerei Metzmacher in Frechen.

Allmählich begann es wieder in Kölner Sudpfannen zu kochen. Zuerst leise und heimlich, denn bei der Beschaffung der Rohstoffe ging es nicht immer legal zu. Eine Anekdote besagt, dass bei Nacht und Nebel ein Waggon mit wertvollem Hopfen, der bei Kriegsende in einem Tunnel im Kölner Umland liegen geblieben war, mit der Zugmaschine einer kölnischen Schokoladenfabrik unter den Augen der Militärposten in die Stadt gezogen wurde. Eine andere Anekdote führt an, dass die Bierfässer in Krankenwagen transportiert oder auf Handkarren als Schmuggelware durch die Stadt befördert wurden. In dieser Zeit galt Bierbrauen als Abenteuer. Die Menschen lebten im trümmerreichen Köln von Maisbrot, Kaffee-Ersatz, Pellkartoffeln und allen möglichen Ersatz-Produkten. Es gab Eiweißpastete und eine graue Masse, die Kunsthonig hieß und als Zuckerersatz diente – entsprechend hoch war der so genannte »Nährwert«. Den offiziellen Erwerb von alkoholischen Getränken gab es nicht. Höchstens unter der Hand konnte man mal eine Flasche »Knolli Brandy« oder »Cherry Knolli« erstehen. Das war selbst gebrannter Schnaps aus Zuckerrüben. Unter den Namen »Hopfenperle« oder auch »Gääschtestrüh« (Gerstenstroh) war ein Dünnbier in Umlauf, das auch nicht im Entferntesten an Kölsch erinnerte. Einen echten Tropfen gab es nur auf dem schwarzen Markt, einer Art Schattenwirtschaft. Vom Ventilgummi für die unentbehrlichen Fahrräder bis zu Seidenstrümpfen war hier alles zu haben, jedoch zu Preisen, die für die meisten unerschwinglich waren, höchstens im Tausch gegen andere wertvolle Dinge, wie zum Beispiel echte Teppiche oder Schmuckstücke.

In einer Einladung der Karnevalsgesellschaft Ehrengarde zu einem gemütlichen Treffen mit Damen am 2. März 1946 im Haus Töller heißt es, dass es einen Kaffee mit Friedensaroma gebe, und dass für die Bouillon met Röggelche 100 Gramm Brotmarken zu entrichten seien. Das war dann schon gehobener Luxus! Denn offiziell gab es Lebensmittelrationen nur auf »Lebensmittelkarten«. Einige Begriffe aus jener Zeit seien noch genannt, die uns heute weitgehend unverständlich sind. Die »Selbstzucht« beispielsweise war der im eigenen Trümmergarten gezogene Tabak, den man bei »Pfeifen Hein-

BRAUHAUS MALZMÜHLE
Spez. Koch'sches Malzbier
REGIONAL COMMISSIONER'S RESIDENCE
RTO AACHEN 7795 T.R.D.
Echt Kölsch vom Fass

richs« unter der Hohenzollernbrücke gegen fermentierten Tabak umgetauscht bekam. »Aktive« waren Fabrikzigaretten wie Bosco und Sondermischung, und »Föxe« waren Zigarettenkippen, die man zu Hause wieder aufbereitete. »Amis« waren die begehrten amerikanischen Marken Lucky Strike, Pall Mall, Chesterfield u.a. Die bekamen nur diejenigen, die Kontakt zu amerikanischen Soldaten hatten.

Allmählich aber siegte in Köln der Überlebenswille über die Lethargie. Auf einem Foto von August Sander von 1946 sieht man, wie zwischen den Trümmern vereinzelt Behelfsheime entstanden und kleine Gemüsegärten angelegt waren. Auf Trampelpfaden zwischen den Ruinen laufen Menschen mit Handkarren. Ein zuverlässiger Gradmesser für den Wiederbeginn eines normalisierten Alltags in der fast völlig zerstörten Stadt ist das erste Telefonbuch vom 15. Januar 1946, dessen korrekter Titel lautete: »Amtliches Fernsprechbuch – Official Telephone Director«. Viehhändler, Metzger und Lebensmittelgroßhändler tauchten da wieder auf, Kartoffel- und Saatguthändler waren nachgefragt. Ärzte und Apotheker wurden benötigt, und Architekten und Baufirmen starteten aus politisch neutralen Startlöchern. Die lange Unterdrückten und Verfolgten konnten wieder aufatmen und ins Licht treten, wie die Synagogengemeinde in der Ottostraße, die Katholiken und die Protestanten, die Sozialdemokraten und die KPD, die Jesuiten und die Gewerkschaften. Der kölsche Uradel, die »Schmitze«, die heute das Telefonbuch auf neun Seiten füllen, waren auf sechzehn Namensvetter zusammengeschmolzen. Die Stadtverwaltung arbeitete fast wieder wie vor dem

Mit nur zwei Stockwerken begann der Wiederaufbau des einst so stolzen Brauhauses am Heumarkt.

Krieg. Allerdings gab es neben heute geläufigen Ämtern 1946 noch die Fürsorgestellen für die Großbunker, für politisch Verfolgte, für Rückkehrer und das Amt für Volksspeisung. Die Kölner Berufsdetektive waren schon wieder an der Arbeit, vier Frauen und zwei Männer. Der Nordwestdeutsche Rundfunk teilte sich Adresse und Telefonnummer mit der »Broadcasting Control Unit«. Das Verzeichnis enthielt schon wieder das A bis Z der deutschen Wirtschaft: von Agfa bis Zuckerfabrik Brühl. Aber auch die Unterhaltung hatte sich den Trümmerstaub von den Kostümen geklopft und telefonierte wieder: die Millowitsch Heimatbühne, die Humoristin Grete Fluss, der Sänger Willy Schneider und der Kölner Männer-Gesang-Verein.

Doch wer sorgte nun für den Gerstensaft? Welcher Brauer griff denn 1946 schon wieder zum Telefon? Es waren ganze drei Brauereien, die das Inferno einigermaßen heil überstanden hatten: die Dom Brauerei Carl Funke AG in Bayenthal, Tacitusstraße, die obergärige Brauerei in der Gaffel auf dem Eigelstein und die Brauerei Ernst Sünner in Junkersdorf. Sie waren geblieben – von 33 Brauereien im Telefonbuch von 1938. »Inoffiziell«, das heißt ohne offizielle Genehmigung, waren 1946 sechs und 1947 wieder dreizehn Brauereien aktiv. Mit dem legendären Trümmermalz begann der Gerstensaft allmählich wieder zu fließen. Doch immer noch wurden die Bierfässer nur nachts heimlich durch die Stadt befördert.

Auf den Grundmauern der alten Stadt entstand eine neue. Allen anderen Bestrebungen zum Trotz hielt man am alten Grundriss fest. Peter Fuchs schreibt in seinem Buch »Köln damals gestern heute« den Satz: »Köln, eine neue Stadt mit altem Geist – eine alte Stadt mit neuem Geist«. Eine Kompromissformel zwar, aber eine, die man als typisch kölsch bezeichnen könnte. Auch die anderen Brauer im Rheinland rappelten sich auf. Der Brauerverband konstituierte sich wieder. Im Juni 1945 wurde der Verband Mittelrheinischer Brauereien gegründet, 1946 folgte der Verband Nordrheinischer Brauereien, der Brauereiverband der britisch besetzten Zone Deutschlands, und 1949 wurde der Deutsche Brauerbund wieder gegründet. Die Deutschen Brauer hatten neuen Mut gefasst – der Wiederaufbau konnte beginnen.

Die Währungsreform beendete diese schwärzeste Epoche der Kölner Braugeschichte, der Aufbau kam in Gang. Im September 1948 erlaubte die Besatzungsmacht erstmals wieder das Brauen von Schankbier mit 5 Prozent Stammwürze; kölsches Bier war fast wieder echtes Bier. Einige Brauer des Kölner Biermarktes setzten auf das bewährte obergärige Kölsch, andere favorisierten mehr die untergärigen Erfolgssorten der Vorkriegszeit: untergäriges Pils und Export-Bier. In dieser Situation ergriffen mutige Männer wie der ehemalige Vorsitzende und heutige Ehrenvorsitzende des Kölner Brauerei Verbandes Hans Sion die Initiative zugunsten des untergärigen Kölschs. Man schuf, wie man heute sagen würde, ein Designer-Kölsch. Der Geschmack war nun hopfenbetonter, also etwas frischer, der Schaum durch mehr Kohlensäureanteil sahniger, und der hohe Kaloriengehalt wurde gesenkt. Das Kölsch wurde dadurch bekömmlicher. Ein Bier, wie es die Kölner und ihre Gäste offensichtlich wünschten und schätzten. Der Siegeszug dieser obergärigen rheinischen Bierspezialität begann.

1948 ist die Zeit der Währungsreform und des Wiederaufbaus. Der »Kölsch-Frühling« setzt ein, es gibt wieder richtiges Kölsch in »Friedensqualität«. In alten klapprigen Lastwagen fährt man Bierfässer und Kästen zur Kundschaft. Der Anfang ist gemacht.

1960 ist der Beginn der Kölschblütezeit. Die Kölschbrauer entscheiden sich mehrheitlich für das heimische obergärige Kölsch. Dieses gewinnt nun immer mehr Freunde. Auf Pils- und Exportbiertrinker kommen schwere Zeiten zu.

Es beginnt eine stürmische Entwicklung von der kleinen Haus- zur Hightech-Brauerei. Die Zahl der Kölsch-Marken steigt wieder auf 24. In hochmodernen, aber auch in traditionellen Anlagen werden jährlich über drei Millionen Hektoliter Kölsch gebraut, das in Köln und Umgebung den Biermarkt beherrscht. Die Markenidee einer obergärigen, hellen und leicht bekömmlichen Bierspezialität setzte sich durch: Kölsch in seinem 0,2 Liter-Glas, der zylindrisch hohen, typischen »Stange«, blankes, pures Gold mit einer weißen, sahnigen Schaumkrone.

Da lacht das Herz des Bierfreundes. Ob vom Fass oder aus der Flasche, Kölsch ist heute immer dabei: Ob im Karneval, in gemütlicher Runde oder beim Empfang von Königen und Präsidenten durch den Oberbürgermeister, man trinkt Kölsch mit Genuss – und aus Überzeugung.

1985 ist Kölsch mittlerweile die anerkannte »Nr.1« auf dem Kölner Biermarkt. Mehr und mehr Brauereien haben sich entschlossen, in Zukunft nur noch das für Köln und die Region typische obergärige Kölsch zu brauen. Die Chefs der 24 aktiven Kölner Brauereien unterschreiben feierlich die Kölsch-Konvention.

Die Kölsch-Konvention – oder Einigkeit macht Kölsch

Kölsch braut man da, wo man es auch spricht, nämlich in Köln und seiner näheren Umgebung. Diese heimische Bier-Spezialität darf nur hier und nirgendwo anders hergestellt werden. So legt es die Kölsch-Konvention fest. Schon sehr früh erkannten die Kölner Brauer die Zeichen der Zeit und schufen eine Wettbewerbsregel, der sich alle Kölschbrauer freiwillig unterwarfen. Am 6. März 1986 unterzeichneten die Chefs der anwesenden 24 Kölsch-Brauereien feierlich im Beisein des Kölner Oberbürgermeisters Norbert Burger im Festsaal des Hotels Excelsior dieses für Köln und das Kölsch so wichtige Dokument. Mit den Vorbereitungen begonnen hatte der weitsichtige Verbands-Vorstand bereits im Jahr 1963, als er durch das Landgericht Köln feststellen ließ, dass Kölsch nicht nur den Biertyp, sondern auch das Herkunftsgebiet auswies. Der zweite Schritt folgte 1980. Siebzehn Jahre brauchte das Oberlandesgericht Köln, bis es sich der Auffassung der Vorinstanz anschloss. Doch dann ging es Schlag auf Schlag. Der Kölner Brauerei-Verband fasste 1981 den Beschluss, eine Konvention ausarbeiten zu lassen, und setzte die in mühsamer Kleinarbeit ausformulierte Konvention bei allen Mitgliedern durch. Vier Jahre später wurde sie im Bundesanzeiger veröffentlicht und anderen Verbänden zur Prüfung vorgelegt. Es gab keine Einwände, und so wurde die Kölsch-Konvention am 29. Januar 1986 vom Bundeskartellamt anerkannt und durch die von allen Kölner Brauern geleistete Unterschrift am 6. März 1986 rechtswirksam. Im Einzelnen legt der Inhalt (unter anderem) folgende wichtige Punkte fest: Kölsch wird nach dem Reinheitsgebot von 1516 gebraut und das nur in dem ausgewiesenen Gebiet (Kölner Stadtgebiet und einige Umland-Brauereien). Kölsch ist ein obergäriges, helles, hochvergorenes, hopfenbetontes, blankes Vollbier und die Stange soll das einzige gebräuchliche Kölschglas sein. Ein Ausschuss wacht über die Einhaltung der eingegangenen Verpflichtungen, und ein Schiedsgericht entscheidet in Streitfragen. Die Konvention stellt für den Konsumenten klar, dass er jederzeit und von welcher Marke auch immer ein ganz spezielles, gleich bleibend gutes Bier erhält. Diese Garantie gibt es außer beim Kölsch nur noch bei Champagner, beim Bordeaux und beim Chianti. Die Fachleute und Bierexperten bezeichnen den Kölsch-Geschmack als leicht herb mit aromatischem Bittergeschmack bei einem Stammwürzegehalt von 11 bis 13 Prozent, der einen Alkoholgehalt von 4 Prozent ergibt. Dem echten Kölsch-Freund ist das alles vielleicht ein wenig zu akademisch, und er verlässt sich eher auf seinen eigenen Geschmack. Trotz Kölsch-Konvention wird es immer Leute geben, die anderer Meinung sind – und das ist gut so. Denn Bier ist ein lebendiges Nahrungsmittel, das Gott sei Dank nicht immer gleich ausfällt, aber immer gleich gut schmecken sollte.

2000 festigt das Kölsch seine Stellung als Nationalgetränk. Trotz starker Konkurrenz anderer Biere behauptet es seinen Platz als Lieblingsgetränk der Kölner auf den Theken und Tischen der Brauhäuser der Domstadt. Inzwischen wurde das Kölsch auch in die Liste der europäischen Regionalspezialitäten aufgenommen, eine Ehre, die bisher nur so berühmten Produkten wie Champagner, Chianti oder Parmaschinken zuteil wurde.

Die Kölner Brauhaus-Kultur

Ein Bier prägt seine Stadt

Bodenständig und modern, ebenso von ehrwürdigen Traditionen wie von Weltoffenheit und Ungezwungenheit geprägt, das ist Köln – und das ist auch die Kölsch-Kultur, die heute wieder ein fester Bestandteil der kölnischen und der rheinischen Lebensart ist, nachdem sie im letzten Weltkrieg durch die fast totale Zerstörung der Stadt für lange Zeit verloren gegangen war. Heute erlebt sie in den wiedererstandenen kölschen Brauhäusern eine echte Renaissance.

Kölsch, so wird die Sprache und das Bier genannt. Das Kölsch kommt klein, aber fein auf Theke und Tisch, frisch gezapft und gekrönt von festem, weißem Schaum – eine Freude für das Auge und für den Gaumen. Charakteristisch und in seiner Art auch einmalig ist das Trinkgefäß: die schlanke »Stange«, das Glas mit dem Eichstrich bei 0,2 Liter. Meistens »vom Bock« aus dem Fass gezapft, bringt es der Köbes an die Tische oder der Wirt an den Tresen. Doch auch aus der Flasche schmeckt es – gut gekühlt – hervorragend.

Ein oder mehrere Glas Kölsch in geselliger Runde getrunken, regen das Gespräch und den Appetit an. Die kulinarischen Spezialitäten, die man zum obergärigen Bier genießt, sind – wie könnte es anders sein – ebenfalls deftig und echt kölsch: Der »Halve Hahn« beispielsweise, ein Röggelchen (Roggenbrötchen) mit Butter und einer Scheibe Holländer Käse, ist weit über die Stadtgrenzen hinaus bekannt.

Im Brauhaus serviert der »Köbes« (Dialektname für Jakob), wie der Kellner hier allgemein gerufen wird. Auch er ist ein Stück unverwechselbare Kölsch-Kultur. Er war ursprünglich einmal der Brauerbursch, der tagsüber in der Brauerei arbeitete und abends im Brauhaus die Gäste bediente. Sein Markenzeichen ist der typische »Kranz«, ein Tragegerät für 10 bis 15 Kölsch-

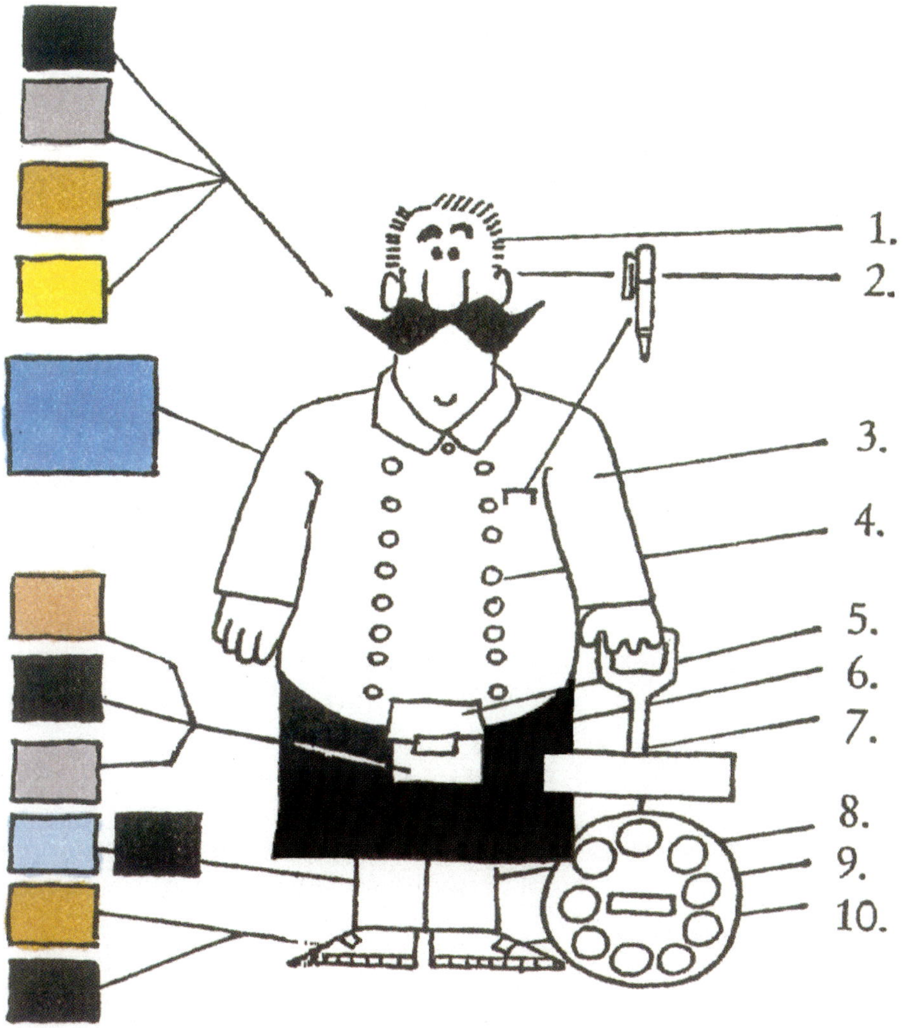

1. Haare – schwarz, blond, braun oder grau
2. Bleistift – hinter dem Ohr oder in der Jacke zu tragen
3. Köbesjacke – blaue Wollstrickjacke (Wintermodell)
4. Doppelreiher – Knopfleiste aus schwarzen Knöpfen
5. Geldbörse – »Minibüro«, wird am Gürtel getragen (schwarzes Rindsleder)
6. Blau-schwarze Arbeitsschürze
7. Bierkranz aus Zinkblech
8. Hose – dunkel oder Jeans
9. Einsatzblech für 9 Kölschstangen
10. Solides festes Schuhwerk

stangen, die er unaufgefordert an die Gäste verteilt. Ihn erkennt man meist an einer langen Schürze und einer blauen Strickjacke. Gegen seine entwaffnende Schlagfertigkeit sind kein Kraut und keine Argumente gewachsen: In Köln ist eben der Köbes König.

Im Volksmund heißt es, das Kölsch schmeckt am besten dort, wo sich die Menschen »knubbeln«, also eng zusammensitzen. Man akzeptiert und versteht sich hier einfach. Und so wird an Theken und blank gescheuerten Brauhaustischen in ungezwungener Atmosphäre auch schon mal Politik oder ein Geschäft gemacht. Klassenlos und völlig ohne Dünkel – echt kölsch eben. Doch auch im gesellschaftlichen Bereich ist das Kölsch allgemein akzeptiert. Ein alter Brauhausgänger hat vor kurzem den wahren Satz geprägt: »Im Brauhaus ist der einzige Platz, wo Eltern ihre Söhne und Töchter treffen«. Eine Erkenntnis, die den Generationen übergreifenden Charakter der Brauhäuser kennzeichnet. Die kölschen Brauhäuser sind in den letzten Jahrzehnten wieder in altem Glanz erstanden und gelten heute bei Einheimischen und Gästen als feste Institution. Viel dazu beigetragen hat die sprichwörtliche Markenvielfalt. Hier kann man – wenn man will und ohne größere Wege zurücklegen zu müssen – die verschiedensten Marken probieren. Jede Marke legt Wert auf ihre eigene Rezeptur, und die echten Kölschkenner können auch die einzelnen Biere auseinander halten. Doch alle sind von hervorragender Qualität, und so gilt auch beim Kölsch der alte Spruch: »Beim Kölsch ist immer das nächste das beste«. Denn das heutige Produkt Kölsch hat in den letzten Jahrzehnten vor allem qualitativ und technisch einen großen Fortschritt gemacht, ohne die alten handwerklichen Tugenden zu vernachlässigen.

In Köln wird seit mehr als 1.000 Jahren in ehrwürdiger Tradition strengen Regeln folgend gebraut. Schon in alten Chroniken wird Köln auch als das Bierhaus der Hanse bezeichnet. Die Zunft der Brauer genoss in der mittelalterlichen Stadt höchstes Ansehen und war ausgesprochen einflussreich. Noch heute sind Kölns Brauer eine Klasse für sich. In der Domstadt gilt – über das Reinheitsgebot von 1516 hinaus – die 1986 beschlossene Kölsch-Konvention, eine freiwillige Selbstverpflichtung der zwanzig Kölsch-Brauer. Mit bindender Wirkung ist hier festgelegt, dass Kölsch nur in Köln und einigen genau bestimmten Brauereien der Umgebung gebraut werden darf. Alle Kölsch-Brauer haben sich zur strikten Einhaltung der Regeln verpflichtet und das Kölsch genau definiert. Es ist ein helles, obergäriges, hopfenbetontes Vollbier. Ähnlich detaillierte Festlegungen sind letztlich nur vom Champagner bekannt. Jeder, der das große Bier im kleinen Glas genießt, kann also sicher sein, dass er nur beste Qualität bekommt – und nur aus Köln. Übrigens legt die Konvention auch etwas für den Namen des Bieres fest, was manchem Werbeberater gar nicht in den Kram passt: Kölsch ist Kölsch – und sonst gar nichts! – weder »Premium«, »Echt« noch »Original«. Denn Kölsch in Köln ist und bleibt etwas ganz Besonderes: ein unverwechselbares Stück Stadt-Kultur.

Die »klassenlose« Brauhaus-Gesellschaft

Der Verkehrston im Brauhaus – auf gut Kölsch Bräues genannt – ist rau, aber herzlich. Man tut sich keinen »Däu« an und sagt seine Meinung »frank und frei«. Denn eine ganz spezielle Eigenart der kölschen Brauhäuser ist der dort gepflegte Umgangston, für den in nicht unerheblichem Maße die »Köbesse«, also die Brauhauskellner, verantwortlich sind. Es gibt unzählige Anekdoten über schlagfertige Köbesse, aber auch der tägliche Umgang mit ihnen eröffnet dem Gast so manches rhetorische »Highlight«. Die Tonlage ist oft von Brauhaus zu Brauhaus verschieden und hängt auch von der Führung durch den »Baas«, den Brauherrn, also den Eigentümer oder Geschäftsführer des Hauses, ab. An der »langen Leine« kann der Köbes zur Hochform auflaufen, aber bei einem schlecht geführten Hause kann es auch schon mal zu Ärger mit den Gästen kommen. Doch der gute Köbes kennt sein Maß und weiß, dass seine Beliebtheit auch gutes Trinkgeld bedeutet.

Der Köbes ist eine Art Zeremonienmeister. Der gute Köbes hat seine Gäste normalerweise fest im Griff, er gibt den Zeittakt der Kölsch-Rationen vor und bestimmt so – ähnlich wie die Mediziner – seinen Umsatz selbst.
Manche Brauhausgäste meinen, die Köbesse wären für sie da, das ist nur bedingt und im Einzelfall richtig, im Normalfall ist es eher umgekehrt – könnte man manchmal meinen. Das Thema Köbesse

ist an sich schon kontrovers, und so wie jeder auf seine eigene Kölschmarke schwört, hat auch jeder über seinen Köbes seine eigene Meinung. Wer nun mehr zur Historie der Köbesse wissen möchte, muss enttäuscht werden: Der Köbes taucht irgendwo im Brauhausnebel des 19. Jahrhunderts auf, ohne dass man seine Herkunft genau festlegen kann. Sozusagen wie Lohengrin, nur nicht mit dem Schwan, sondern mit einem Kranz Kölsch. Als einigermaßen gesichert gilt, dass der Köbes ursprünglich der »Brauer-Pooscht« (Brauerbursche) war, der tagsüber in der Brauerei arbeitete und abends im Brauhaus bediente. Er wohnte bei freier Kost und Logis im Brauhaus und gehörte sozusagen zur Familie. Doch diese erste Generation der Köbesse ist schon lange verschwunden. Heute gilt ein Köbes, der zehn Jahre im selben Brauhaus arbeitet, schon als Rarität. Zur Namensgebung der Kölner Brauhauskellner gibt es die tollsten Deutungsversuche. Fest steht, dass Köbes die kölsche Übersetzung für Jakob ist. Vielleicht war es so, dass in grauer Vorzeit besonders viele Brauerburschen Jakob hießen und so dieser Einzelname zum Gattungsbegriff wurde.

In einer anderen abenteuerlichen Version heißt es, dass die Köbesse diejenigen Pilger waren, die über den Jakobsweg nach Santiago de Compostella in Spanien ans Grab des Heiligen Jakob gepilgert waren und den Kölnern in den Brauhäusern von ihrer langen Reise erzählten, wobei sie gleichzeitig die Gäste bedienten. Vielleicht erklärt das, warum die meisten Köbesse so gern »Verzäll« halten und auch oft sehr lange unterwegs sind. Köbes ist kein direkter Lehrberuf, zum Köbes muss man geboren sein. Denn mit dem blauen Strickwams übernimmt er auch eine komplette Lebensphilosophie, die der bekannte Kölner Kabarettist Jürgen Becker in seinem Buch »Biotop für Bekloppte« so beschreibt: »Der realexistierende Köbismus, in dem der selbstbewusste Werktätige dem Kunden keineswegs in den Arsch kriechen muss, sondern einen Plan davon hat, was auf den Tisch kommt«.

Beikircher fasst noch einmal zusammen: »Man kann also sagen, der Köbes benimmt sich wie im Osten, bedient aber wie im Westen. Und damit beseitigt er den größten Gegensatz des Abendlandes, eine Symbiose aus Marx und Markt in der Weetschaff op der Eck«. Im Klartext heißt das, der Köbes bedient wie er will und wann er will. Doch spätestens hier kommen wir doch

schon wieder ins Gedränge, wer ist denn eigentlich »der Köbes«? Ist es der schlagfertige kölsche Jung aus dem Vringsveedel, ist es der Köbes »de Luxe« mit dem Streifenhemd, ist es der Köbes »espagnol« von der Schääl Sick, ist es der Köbes »ordinär«, also einer, der sich lediglich am Wochenende etwas Geld dazu verdient? Köbes ist ... lassen wir das und nehmen wir unseren Köbes so wie er ist, mal so und mal so. Manchmal, wenn der Köbes einen guten Tag hat, läuft er zur Hochform auf, dann purzeln die Bonmots nur so aus ihm heraus: »Kakao? Mir sin doch he kein Müttergenesungswerk!« – »Dunkel Bier? Pitter mach ens et Leech us, he will einer Dunkel Bier han!« – »Tee? Da gehste am beste glich gägenüvver, do es en Appetek!« – Und so weiter und so weiter.

Manche sehen den Köbes in ganz positivem Licht, fast euphorisch, wie der Autor Rudolf Spiegel, der über die Köbesse schreibt: »Sie sind fix und aufmerksam, Köbesse sind – Unikum oder Unikat – größtenteils geborene Entertainer. Wer bei ihnen nichts zu lachen hat, ist selber schuld«.

Ein weiterer Aspekt der Köbesse ist ihre soziale Aufgabe: Sie sind die besten Freunde ihrer Gäste, voller Anteilnahme und guter Ratschläge. Köbesse kennen die Welt allein schon deshalb, weil dieselbe stets in ihrem Revier zu Gast ist. Köbesse sind Nachrichtenbüros für Bänker (»Sullich dä Deckel bes morje hehalde«?) und Philosophen (»De Welt es schlääch.«), Beichtväter und Internisten (»Wat, noch ene Schabau, bei dingem ruude Kopp?«).

Doch im Allgemeinen ist der kölsche Köbes freundlich – na ja, so einigermaßen – man will ja nicht meckern, sonst wird man womöglich von der nächsten Bierzuteilung ausgeschlossen, und das tut weh. Einen guten Rat an alle auswärtigen Gäste: Sollten Sie in nächster Zeit einmal in ein Brauhaus kommen und sich an einem Tisch niederlassen, beherzigen Sie bitte folgende Verhaltensregeln: 1. Rufen Sie nie »Herr Ober«, das mag der Köbes überhaupt nicht. 2. Warten Sie mit der Bestellung so lange, bis Sie angesprochen werden. 3. Versuchen Sie nie Witze zu machen oder zu erzählen. 4. Geben Sie ohne zu murren reichlich Trinkgeld, dann haben Sie einen Freund fürs Leben gefunden, Ihren Lieblingsköbes.

Die Mehrzahl der Köbesse macht ihrem Beruf alle Ehre. »Hä eß fründlich, maneerlich, vor allem grundehrlich un immerfidel – Ne prächtige Kääl!« So reimte der Kölner Mundartdichter Peter Berchem auf die einmalige Mischung von Autorität und antiautoritärem Service. Da Köbes kein Lehrberuf ist, sondern irgendetwas zwischen Dasein und Sosein, zwischen einer Tätigkeit und einer Weltanschauung, mangelt es dann auch am klaren Berufsbild – weshalb sich der Beobachter naturgemäß eher dem Erscheinungsbild zuwendet.

Für die Gattung allgemein gültige Merkmale wären demzufolge unter anderem folgende, gängige Klischees inklusive: Köbesse scheinen ein zweites Gesicht für Gesichter zu haben. »Un do? E Kölsch« – »Wie immer?«, lautet die Frage an den Gast. Nur ganz schwer Magenkranke sollen mal mit »Nein« geantwortet haben. Für alle anderen erledigt sich die Bestellung ebenso von selbst wie das Problem der Anredeform. Bekannte und Unbekannte, Nahe und Ferne, Eingeborene und »Imis« sind glückliche Mitglieder der Köbes'schen Duz-Familie. Typisch ist auch die Anekdote, nach der ein Gast nach mehr als fünfzehn Jahren nach Köln zurückkehrt und seine alte Stammkneipe besucht. Der Köbes schaut ihn an und sagt: »Un söns – alles klar«?

Köbesse servieren links wie rechts; Besteck und Serviette hinzulegen käme ihnen nicht in den Sinn, man ist schließlich kein Serviermeister! Und klappt etwas nicht auf die Minute, dann folgt der fälligen Reklamation die beste aller Erklärungen auf dem Fuße: Man habe schließlich auch nur zwei Hände oder man sei Köbes und nicht »auf der Flucht«. Köbesse haben es schwer, denn sie haben schwer zu schleppen und müssen lange Wege laufen, allerdings nicht mehr ganz so hektisch wie die Kollegen von einst. Vor der Jahrhundertwende, so wird aus der »Zweipann« des »Schebens Tünn« berichtet, hätte man an einem heißen Sonntag 33 Hektoliter oder gleich 12.000 Glas Bier mit zwei Köbessen und einem Stift an den Gast gebracht! – Doch das fällt sehr wahrscheinlich in die Rubrik: »Köbes-Latein«.

Heute hingegen liegt die Erschwernis des Köbes-Daseins auch darin, dass der dienstbare Freund bei Wind und Wetter das kalte Kölsch trinken muss, welches ihm die Gäste gern spendieren, weil ihnen ständig der Song »Drink doch eine met« im Kopf herumgeht.

Der Reporter eines überregionalen, in Hamburg erscheinenden Publikumsmagazins hat einmal die Kühnheit besessen, bei Früh statt Kölsch einen Tee zu bestellen. »Biste krank?«, fragte der Köbes den Gast und kommentierte selbst: »Ich jläuv ich bin op der Intensivstation!« Dass ein Köbes im Dienst jedoch mal einen amtierenden Bundeskanzler geduzt haben soll, diese Nachricht hat das besagte Magazin bislang exklusiv ebenso wie das (mögliche) Dementi.

Aber ob Bundeskanzler oder Straßenarbeiter, im Brauhaus fühlen sich in Köln alle wie zu Hause. Beim letzten »Gipfel«, dem Treffen der Großen dieser Welt, besuchte der damalige Präsident Clinton mit seiner Familie die »Malzmühle«, um dort ein paar Kölsch zu trinken und etwas zu essen. Im gesamten deutschen Blätterwald löste dies Schlagzeilen und Fotos auf der ersten Seite aus – auch in Köln. Doch war man außerdem auch etwas stolz, dass der mächtigste Mann der Welt die rheinische Lebensart seiner Gastgeber zur Kenntnis nahm. Wie man später hörte, war er vom Mühlen-Kölsch sehr angetan.

Die Hauptrolle im Brauhaus spielt – wie soll es anders sein – das Kölsch. Die einmal gewählte Marke ist bei vielen Kölnern Religion und Weltanschauung, hier gehen Risse durch Familien und Generationen. Das Kölsch ist Treibstoff für die Lebensfreude und Unterhaltung, Schmiermittel für funktionierende, gelebte Demokratie – bei einem Kölsch kann jeder sagen, was er will, wenn er nicht zu laut wird. Nur im Brauhaus sitzen Jung und Alt zusammen, trifft der Bauarbeiter auf den Bänker, sitzt der Fräser neben

„WATT, -TEE? HAMMER NITT-
ÄVVER GÄGENÜWER ES EN APPETEK"!

dem Finanzhai, der Künstler neben dem Küster und der Direktor neben dem Dentisten, der Steuerberater neben dem Studenten und der Politiker neben der Politesse. Die vielen hundert Kneipen und die traditionellen kölschen Brauhäuser sind gesellschaftliche Brennpunkte, wo im Zeitalter ständiger audiovisueller Reizüberflutung durch die Medien noch echte menschliche Kommunikation möglich ist. Hier endlich kommt der soziokulturelle Beitrag des Kölschs zum Tragen, hier manifestiert sich die »klassenlose Brauhaus-Gesellschaft«. Die Kölner sind mit Recht stolz auf diese Brauhaus-Gesellschaft, nicht zu verwechseln mit »Society«, denn hier setzt sich jeder zu jedem, wo eben gerade Platz ist. Zwar gilt auch im Brauhaus der bekannte Gorbatschow-Spruch »Wer zu spät kommt, den bestraft das Leben«, doch es gilt gleichermaßen: Eng ist gemütlich. Reservierungen gibt es im Brauhaus nur für Stammtische, die nachweislich bereits seit über zwanzig Jahren und regelmäßig hier erscheinen.

Diese typische Kölner Brauhaus-Kultur ist ein wichtiger soziokultureller Teil des heutigen gesellschaftlichen Lebens der Stadt. Bürgersinn und Handwerkskunst fanden sich in einer fruchtbaren Symbiose zusammen und gebaren einen Sprössling, an dem heute alle Kölner und ihre Gäste ihre Freude haben. Die klassenlose Brauhaus-Gesellschaft trägt viel zum positiven Erscheinungsbild einer toleranten Metropole bei. Kölsch führt zusammen, und die sprichwörtliche rheinische Frohnatur zeigt sich hier von ihrer besten Seite.

Kölsch, Sprache und Getränk, beides sind Identifikations-Faktoren rheinischer Lebensart und des »Wir-Gefühls« der Bewohner dieser Stadt. »Der Köbes an sich« – würde der Kabarettist Jürgen Becker sagen – gehört eben zu den typischen Merkmalen einer kölschen Wirtschaft. Genau wie das Kölsch als solches, die kölsche Fooderkaat und die typische Einrichtung.

Das original kölsche Brauhaus – Funktion und Eigenart

Das Brauhaus »Im Kölsche Boor« auf dem Eigelstein

Heute wird die Bezeichnung »kölsches Brauhaus« fast schon inflationär verwendet. Ursprünglich war sie nur den Hausbrauereien vorbehalten, also den an eine Brauerei angeschlossenen Gaststätten. Heute sind Kölsch vom Fass, Kontor und Köbes, deftiges Brauhausessen von der »Fooderkaat« und die weiß gescheuerten Tische das Markenzeichen auch der neuen kölschen Brauhäuser. Nach dem Verschwinden der kleinen Familienbetriebe, die nur in ihrem Brauhaus und nur ihr eigenes Bier verkauften, blieb die Brauhausgastronomie erhalten. Die neuen Brauhäuser sind mit den ursprünglichen beinahe identisch, nur dass das Bier heute selten selbst gebraut wird. Es handelt sich heute meist um einen gut geführten Brauerei-Ausschank, der eine Kölschmarke anbietet, die dort – natürlich nur »vom Bock« – gezapft wird. Mittlerweile gibt es nur noch zwei »echte« Brauhäuser: das »Päffgen« in der Friesenstraße und die »Malzmühle« am Heumarkt. Daneben existiert eine ganze Reihe von brauereigeführten Häusern, welche die ehrwürdige Tradition in der Stadt fortführen und die moderne, zeitgemäße Produktion in die Gewerbegebiete verlagert haben.

Das »kölsche Brauhaus« oder die »kölsche Weetschaff« ist die zweite Heimat des Kölners. Traditionsgemäß ist die »Weetschaft« der Platz, wo man sich bei einem Glas Kölsch trifft, um zu »verzälle«, zu »poltisiere« oder zu »klüngele«, eine Lieblingsbeschäftigung vieler Kölner, und natürlich dazu »jet müffele un jet süffele«. Das ist die wahre kölsche Lebensart, und Kölsch vom Fass ist Pflicht, am liebsten im Brauerei-Ausschank oder in einer Hausbrauerei getrunken. Die Einrichtung dieser Gasthäuser ist nicht luxuriös, sondern gediegen. Die Wände sind mannshoch holzgetäfelt und mit Kleiderhaken versehen. An den blank gescheuerten Holztischen stehen Holzstühle mit gebogenen Buchenlehnen. Auf den Tischen befinden sich die Speisekarte, ein Aschenbecher und der »Mostertspott« mit frischem Senf. Die Fenster sind bleiverglast, dadurch ist die »Weetschaft« immer etwas im Dämmerlicht. Das verschafft manch einem Gast am Morgen die Illusion, es sei doch schon Abend. Von der Decke hängt ein schmiedeeiserner Leuchter, an den zu Weihnachten der Adventskranz und anschließend zu Karneval die Luftschlangen gehangen werden.

Die Dekoration der Räume besteht aus Familienfotos, Zeichnungen und Stichen mit vaterstädtischen Motiven oder ausnahmsweise in den Monaten mit »R« dem Hinweis »Heute frische Muscheln« oder auch »Heute Reibekuchen!«

Kölsch trinkt man normalerweise im Sitzen. Besonders Eilige sollen in der Schwemme schnell eins trinken, obwohl das sehr ungemütlich ist. Entgegen anders lautenden Aussagen ist in der kölschen Weetschaft der schönste Platz nicht immer an der Theke, sondern am Tisch. Zu einer Weetschaft gehören Stammgäste und Laufkundschaft. Den echten Stammgast erkennt man daran, dass er vom Köbes mit seinem Familiennamen angeredet wird: »Noch e Kölsch, Herr Heppekausen?«

Es gibt einige goldene Regeln zum Thema »Wer gibt einen aus?«. Bestellt der Stammgast an seinem Tisch eine Runde, revanchieren sich die anderen Tischgäste natürlich mit einer Runde. Und so entsteht dieses muntere Hin und Her, was einen dann immer so spät ins Bett kommen lässt. Manchmal trinkt der Köbes einen mit, er muss sich aber nicht revanchieren. Dem Wirt gibt man nie einen aus, er seinerseits nur einmal im Jahr, zu Neujahr. Die Stammgäste einer guten kölschen Weetschaft bilden immer einen sozialen Querschnitt: Da sitzt der pensionierte Bundesbahn-Obersekretär mit Gattin neben dem progressiven Jungfilmer, und beide diskutieren leidenschaftlich über die Normgröße von Hämchen oder über die Qualität von »Decke Bunne«. Überhaupt spielt das Essen eine große Rolle. Man erwartet in einer Weetschaft Gutbürgerliches, keine Fisimatenten. Leider sind in den letzten

Jahren einige Standardgerichte von der »kölschen Fooderkaat« verschwunden: »Flönz met Öllig«, Soleier, »Limenör« (Limburger Käse), »Fuustekies« (Mainzer Käse) und die »Beste Levverwoosch« (Leberwurst). Erhalten geblieben sind uns solche Delikatessen wie: Rievkooche, Matjes, Röggelche mit Kies, Himmel un Äd, Hämche met suure Kappes, Decke Bunne met Speck, Pannekooche, Aähze-, Bunne-, Linsezupp (natürlich mit Essig) und anderes mehr. Schwelgen wir also noch ein wenig in der Vergangenheit. Vor der Jahrhundertwende beschäftigten gute Brauhäuser einen Lohndiener, der den Stammgast zu später Stunde nach einigen Glas Kölsch und mit der nötigen »Bettschwere« sicher nach Hause brachte. Über diese Lohndiener gibt es zahlreiche Anekdoten. Die vielleicht typischste: Der beschwipste Herr Schmitz wird vom »Schäng« (Jean), dem Lohndiener, nach Hause gebracht. Auf dem Nachhauseweg liegt neben dem Trottoir ein Betrunkener »en der Sood«. Schmitz hat Mitleid mit dem armen Kerl und bittet den ihn stützenden Lohndiener: »Schäng (Jean), stell mich ens grad an de Mur un helf dem arme Mann ens op.« – Geteiltes Leid ist eben halbes Leid.

Viele nützliche Einrichtungen sind heute aus der »kölschen Weetschaft« verschwunden, zum Glück nicht überall. Das »Thekenschaaf«, auch »Beichtstuhl« genannt, gehört dazu. Dieses kleine verglaste Häuschen, früher oftmals reich verziert, ist der Platz, wo der »Baas« die Biermarken vom Köbes sammelt, die Schnäpse und Zigarren ausgibt. In seinem Köln-Buch schreibt Edmund Renard 1907 über das Brauhaus-Thekenschaaf: »Bei diesen kleinen Brauereien, die nur für den Schankbetrieb und den Kleinverkauf arbeiten, wird die Diele der Raum für die Fassbank, Aufenthalt der Zapfjungen und Verkauf außer dem Hause: zwischen Diele und daneben liegender Wirtsstube wird ein verglaster Erker mit Zahltischen und Doppelbank für Wirt und Wirtin eingebaut. Dieser Einbau ermöglicht die gleichmäßige Kontrolle von Wirtsstube und Diele.«

Es gibt diese praktische Einrichtung auch heute noch in einigen zünftigen Brauhäusern wie zum Beispiel in der Hausbrauerei Päffgen und einigen anderen. Hier hat sich auch sonst noch vieles erhalten oder wurde neu belebt, was früher in den Brauhäusern einmal überall üblich war, zur Freude des Gastes, der Sinn für Tradition und Qualität hat. Und es scheint, diese Sorte Gäste wächst von Tag zu Tag.

„WATT !!! – E WASSER ? –
OCH E HANDTOCH UN SEIF"?

Der kleine kölsche Kneipen-Knigge

Normalerweise hält der Kölner in seiner sorglosen, leichtlebigen Art nicht allzu viel von Verhaltensregeln. Nicht dass er sie nicht kennt, doch sie sind ihm weitgehend gleichgültig. In solch sensiblen Terrains wie der »kölschen Weetschaft«, der Kneipe oder dem Brauhaus liegen die Dinge dann aber doch anders. Hier, wo man oft und gern dicht gedrängt steht oder sitzt, muss selbst der antiautoritärste Kölner einige Einschränkungen in Kauf nehmen, die er anderswo nur milde belächeln würde. Deshalb folgen hier ein paar ganz nützliche Ratschläge und Beobachtungen eines altgedienten »Brauhaus-Freaks«.

Beginnen wir mit der Binsenwahrheit: »Benimm ist Glückssache« – das gilt im Alltagsleben genauso wie auch in der Kneipe. Und wenn man ein regelmäßiger Kneipengänger ist, dann ist ein korrektes Benehmen und das Einhalten der Spielregeln ganz besonders wichtig. Denn dann verbringt man einen nicht unerheblichen Teil seiner Freizeit in dieser Institution. Der regelmäßige Gast sieht den Wirt und seine Thekenfreunde öfters als zum Beispiel seine Gattin. Es sei denn, diese begleitet ihn allabendlich, was von manchem Kneipengänger zwar als störend empfunden wird, auf der anderen Seite aber praktisch ist, weil man sich dann keine dummen Ausreden einfallen lassen muss, wo man so lange war.

Die »Benimm-Regeln« für den Kneipenbesuch »in Begleitung« sind allerdings besonders streng. Es gilt im Allgemeinen: Keine »schmutzigen« Witze oder anderer »fieser Verzäll«. Keine Details über andere anwesende Damen (»Die kannt ich schunn us Neppes, do wo die noch ...«). Keine zu ausgedehnten Diskussionen über das letzte Spiel des »FC«, es sei denn, die Gattin ist selbst »Fan« und geht auch mit »Zum Spiel«. Auch das Prahlen mit diversen sexuellen Abenteuern ist äußerst unangebracht, da die eigene Gattin ja meistens die »bittere Wahrheit« aus eigener Erfahrung kennt. Der Erfahrungsaustausch über Autos oder Motorräder kommt bei der weiblichen Begleitung oft nicht so gut an, es sei denn, es steht der Kauf eines neuen Wagens an, wo die bessere Hälfte meist ein ganz gewichtiges Wort mitredet.

»Politik gehört nicht an die Theke« sagt eine alte »Wirte-Weisheit«, doch wo sonst haben in unserer hektischen Zeit die Menschen schon Zeit und Muße zum Schwatzen und zum Austausch ihrer Meinungen, wenn nicht im Brauhaus oder im Stammlokal? Damit dennoch alles im Rahmen bleibt, haben sich in der »kölschen Weetschaft« bestimmte Verhaltensmuster herausgebildet, die das Zusammenleben der Einzelnen reglementieren und es friedlich gestalten. So gibt es im Kneipenleben Spielregeln und ungeschriebene Gesetze, die jeder Eingeweihte kennt, obwohl sie in keinem juristischen Kodex nachzulesen sind. Diese Regeln basieren auf uralten Erfahrungswerten und sind millionenfach bestätigt worden. Einige davon seien hier erwähnt und zur Nachahmung empfohlen.

Man tut gut daran, wenn man eine Kneipe oder ein Brauhaus das erste Mal betritt, zuerst einige Augenblicke am Eingang zu verweilen und die Lage zu studieren, denn das kann für den weiteren Verlauf des Aufenthalts von besonderer Bedeutung sein. Ist die Theke stark besetzt, so nimmt man am besten zuerst einmal an einem Tisch in der Nähe des Tresens Platz und son-

diert das Terrain. Aber Vorsicht! Man sollte sich auf keinen Fall an den Stammtisch setzen, der oft mit einem Messingschild am Aschenbecher ausgewiesen ist. Ist dieser Tisch nicht derart gekennzeichnet, so ist es doch fast immer der Tisch, der am nächsten zur Theke steht. Er ist darüber hinaus leicht zu erkennen, wenn die Wand hinter dem Tisch mit Gruppenfotos von Kneipen-Ausflügen der Thekenmannschaft, Angler- und Sängerdiplomen oder Urlaubskarten dekoriert ist.

Der »Detektiv« in Ihnen ist gefordert. Kartenspiele und Schreibblöcke auf dem Tisch signalisieren, dass es sich hier um ein »gesperrtes« Revier handelt, das nur auf ausdrückliche Einladung benutzt werden darf. Merke: Besonders die Skatbrüder sind äußerst empfindlich und nachtragend. Die Stammtischler bilden im Regelfall die »Kneipen-Aristokratie«, da sie oft mit den Vereinsvorständen identisch sind, die hier ihr Klublokal haben. Der Zugang zu dieser Gruppe ist schwierig und langwierig, er muss sich hart erarbeitet werden. Ob es sich nun um Skat-, Fußball- oder Karnevalsvereine handelt, in diese Zirkel kann man nur berufen werden. Versuche, sich durch üppige Bierspenden einzukaufen, gelten als unpassend und sind fast immer zwecklos. Hier ist Geduld und Abwarten angebracht, irgendwann ergibt sich bei der Kommunikationsfreudigkeit der Kölner eine Gelegenheit, sich in die Gemeinschaft der Gäste einzubringen.

„SOLL ICH DÄ DECKEL LIEJE LOSSE,
ODER KÜTT DING FRAU DICH USSLÖÖSE?"

Ist zufällig ein Kästchen beim Sparverein frei, dann greifen Sie zu. So lernen Sie zwangsläufig den Kassierer kennen, der auch zu der Kneipen-Aristokratie gehört. Und die anderen Kästchensparer lernen Sie auch bald kennen. Sparen gilt als Tugend, und die Auszahlung am Ende des Jahres wird meist von den Mitgliedern des Sparvereins mit einem gemeinsamen Essen – und entsprechendem Trinken – gefeiert. Allerdings ist regelmäßiges Einzahlen eines bestimmten Betrages Pflicht und wird auch peinlichst genau überwacht. Hier ist Zuverlässigkeit und Bonität gefragt.

Auch nicht vereinsgebundene Stammtische sind im Allgemeinen tabu. Neu hinzugekommene verfügen nicht über das notwendige Insider-Wissen, um sich am Klatsch und Klaaf über alles und alle beteiligen zu können. Da werden Dinge vorausgesetzt, die bis in die Schulzeit reichen. Sollte Ihre Leidenschaft dem Kartenspiel gelten, haben Sie Geduld! Besuchen Sie öfter zur selben Zeit das Lokal. Wenn gespielt wird, schauen Sie sich die Spieler an, aber kiebitzen Sie nicht. Dezentes Schweigen ist angesagt. Sollte einmal ein Spieler ausfallen, erwähnen Sie, dass Sie früher auch mal gern gespielt haben, aber nicht mehr in Übung sind, aus Mangel an Gelegenheit. Mit diesen notwendigen Voraussetzungen sind Sie der ideale Ersatzmann, kein Profi, aber auch kein Anfänger. Ab jetzt liegt es nur an Ihnen, ob man Sie akzeptiert oder nicht.

An der Theke liegen die Dinge dann etwas einfacher, hier kann man sich leichter nach oben dienen. Doch auch hier gibt es Regeln, die man einhalten muss, auch an diesem schönen Ort herrscht eine strenge Hierarchie. Achten Sie auf den Eckplatz! Hier steht nämlich der Platzhirsch, der ungekrönte König des Tresens, der »Thekenprinz«. Stellen Sie sich nie auf seinen Stammplatz, sonst sind Ihre Chancen, in die Gemeinschaft der »ersten Reihe« aufgenommen zu werden, gleich Null. Stellen Sie sich in die Mitte und bestellen Sie bescheiden Ihr Kölsch. Dann kämpfen Sie sich langsam nach vorn vor. Ein guter Gastwirt wird Sie sofort als Neuling erkennen und auch einordnen. Hören Sie aufmerksam zu und mischen Sie sich (zu Anfang) nicht in Gespräche ein. Mit der Zeit werden Sie merken, ob Sie hier richtig sind. Anderenfalls aber wechseln Sie sofort das Lokal und versuchen Sie es irgendwo anders. Sagen Ihnen aber das Bier, der Wirt und die Gäste zu, dann sollten Sie den nächsten Schritt tun und sich einen geeigneten Gesprächspartner suchen.

Beim ersten Gespräch gibt es einige wichtige Punkte, die zu beachten sind: Werden Sie nicht gleich zu vertraulich und erzählen Sie keine Familien- oder Krankheitsgeschichten. Lassen Sie vielmehr Ihren Gesprächspartner reden und hören Sie zu. Allerdings vermeiden Sie es tunlichst, an einen der zahlreichen »Schwätzer« zu geraten. Denn diese »Schwaadlappen«, die im Grunde nur sich selbst gern reden hören, nichts Interessantes zu erzählen haben und allen auf den Wecker gehen, sind verpönt. Halten Sie sich von diesen Leuten fern, denn sie stehen auf der untersten Stufe der Kneipen-Hierarchie, und das Schlimme ist, wenn man ihnen einmal zugehört hat, kommen sie immer wieder und »labern einen voll«.

Sind Sie kein Kölner, dann versuchen Sie bloß nicht, Kölsch zu reden (trinken Sie es lieber), und erzählen Sie keine alten »Tünnes und Schäl-Witze«, denn die kennen sowieso schon alle. Wenn Sie über Fußball sprechen, vergewissern Sie sich vorher, welcher Vereinswimpel im Lokal hängt. Es wäre nämlich äußerst peinlich, in einer Fortuna-Kneipe vom 1. FC Köln zu schwärmen. Geben Sie keine großen Runden an Leute, die Sie überhaupt nicht kennen, und vermeiden Sie es auch nach Möglichkeit, in eine Runde einbezogen zu werden, da man selbstverständlich von Ihnen eine Revanche erwartet und Sie so gezwungen sind, viel mehr zu trinken, als Sie eigentlich vorhatten.

Auch wenn Sie dann schließlich in die Gemeinschaft der Kölschfreunde aufgenommen sind, gelten einige wichtige Warnhinweise. Hüten Sie sich vor den »Kläävbotze«, das sind nämlich die Zeitgenossen/innen, die zum Lokalschluss hin nie ein Ende finden. Ihr Lieblingssatz ist dann: »Dunn uns noche e Ründche, ävver jetz ehrlich et letzte«. Meiden Sie auch die »Schruppsüffer«, die immer gern mittrinken, aber nie einen ausgeben und die »Laumänner«, die einen anpumpen und dann das Wiedergeben vergessen. Diese drei Gattungen sind jedoch harmlos, wenn man ihnen rechtzeitig zu erkennen gibt, dass man sie durchschaut hat und nicht bereit ist, auf ihr Spiel einzugehen.

Die übliche Maßeinheit in Köln ist die Kölsch-Stange zu 0,2 Liter Inhalt. Bestellen Sie an der Theke »e Kölsch«, dann serviert man Ihnen die übliche 0,2-Liter-Menge Bier. In manchen Touristenfallen rund um die Altstadt findet man hin und wieder auch 0,33-Liter-Gläser. Meiden Sie diese Orte, und bestellen Sie diese Maßeinheit niemals. Kölsch ist kein Wiesenbier, vor dem man stundenlang sitzt und grübelt, ob man sich noch eins bestellen soll oder nicht. Im Brauhaus bestimmt sowieso der Köbes, wann und wie oft Sie ein Kölsch bekommen. Da war so mancher süddeutsche Gast plötzlich »blau«, der vorher noch lauthals über die kleinen kölschen »Reagenzgläser« gelästert hatte. In der Kneipe zapft der Wirt auf Wunsch für einige spezielle Gäste ein so genanntes »Mini«, ein kleines Kölsch im 0,1-Liter-Glas oder ein »Hochgezapftes« halbes 0,2-Liter-Glas Kölsch, aber nur hin und wieder – für Autofahrer und Rekonvaleszenten. »Minis« und »Hochgezapfte« verkauft der Wirt besonders gern, da er die halbe Menge Bier zum vollen Preis abgibt. Offiziell ist das verboten, wird aber stillschweigend geduldet.

Die Zeche schreibt der Wirt oder der Köbes heutzutage auf dem Bierdeckel an. Im alten kölschen Brauhaus um 1900 gab es noch keine Bierdeckel, sondern der Köbes brachte jedes Kölsch auf einem kleinen Porzellantellerchen, wie man es noch auf einigen alten Brauhaus-Postkarten sehen kann. – Jedes Kölsch auf einem neuen Tellerchen, die dann aufeinandergestapelt neben dem Glas ein hohes Türmchen bildeten. Vielleicht stammt daher der kölsche Begriff: »Huhvoll«. Das war eine sehr aufwendige Methode des Anschreibens und so erstaunt es nicht, dass diese durch die Erfindung des Bierdeckels aus Karton abgelöst wurde.

Der Bierdeckel liegt entweder unter dem Kölschglas des Gastes, oder der Wirt verwaltet treuhändlerisch alle Deckel für den Stammgast an einem separaten Platz an der Theke. Striche auf dem Bierfilz darf nur der Wirt oder der Köbes machen, niemals der Gast selbst. Der Bierdeckel ist ein Dokument, und »verschwundene« oder »gerubbelte« Deckel sind tabu. Bezahlt

wird der Bierdeckel erst beim späteren Verlassen des Lokals. »Zwischen-Deckel« zeugen von Geiz oder Disziplinlosigkeit.

Auch hier einige goldene Regeln, die zu beachten sind: Der Wirt, wenn er der Eigner des Gasthauses ist, erhält kein Trinkgeld. Beim Personal rechnet man etwa 10 Prozent zu oder rundet auf. Seit der Einführung des Euro ist hier allerdings Vorsicht geboten, da man oft noch die »alten« DM-Preise aus jahrelanger Gewohnheit im Kopf hat. Zu viel Trinkgeld geben wirkt angeberisch und schadet mehr als es nutzt. Denn ein Gast, der mit dem Geld »streut«, wird nicht ernst genommen. Bei weiblicher Bedienung sind die Regeln nicht so streng. Früher rief man: »He, Mädche, e Märkelche für de Spaarduus«. Man hüte sich jedoch davor, übertriebene Summen zu geben, das könnte leicht missverstanden werden.

Als größtes Vergehen eines Thekengastes gilt, den Raum hinter dem Tresen zu betreten. Dieser »Fehltritt« wird selbst Stammgästen nur schwer verziehen und wird immer mit einer Runde bestraft. Auch selbst zu zapfen ist strengstens verboten und wird unter keinen Umständen geduldet. Noch strenger sind die Bräuche im kölschen Brauhaus. Da es dort (meistens) keine Theke gibt, ist der Köbes, wenn er im Kontor seine Bons und Biermarken »gelegt« hat, der alleinige Herr über »Kölsch un Kies«.

Auch mit Bestechung ist nichts zu machen, denn der Köbes trinkt zwar gern das spendierte Kölsch in einem Zug aus, macht dann aber seinen Trott weiter wie bisher. Er sucht sich seine Lieblingsgäste ganz allein aus, ohne Ansehen der Person oder der Höhe des Verzehrs. Wichtig ist aber, dass Sie stets in seinem »Revier« Platz nehmen. Sind Sie dann endlich als Stammgast akzeptiert, begrüßt Sie »Ihr Köbes« schon beim Platz nehmen mit Ihrem bürgerlichen Namen. Kennt er den nicht, greift er einfach zu einem der vielen unverbindlichen Floskeln wie: »Tach Schmaal, alles klar« oder »Wie immer, Herr Jedönsrat«.

Promi-Gäste haben im kölschen Brauhaus keinerlei Privilegien. Wenn es echte lokale Honoratioren sind, wissen sie das und beanspruchen sie erst gar nicht. Wenn sie auswärtige TV- oder Filmstars sind, müssen sie das lernen oder der diensttuende Köbes bringt es ihnen in einem »Crash«-Kursus bei. »Für wen soll hier ein Tisch reserviert sein? – XY, Kenn ich nit!« – »E Kölsch, der Herr?« – Ende der Durchsage.

Im Brauhaus können Sie sich aber ruhig an jeden Tisch setzen, an dem noch Plätze frei sind. Das ist hier üblich und stört niemanden. Im Gegenteil! Man ist für Unterhaltung dankbar und beginnt den »Verzäll« meist mit einer Bemerkung übers Wetter: »Et es jet fresch, hück Ovend« oder mit dem kölschen Standardsatz, der für alle Wetterlagen gilt: »Wat e Wedder widder«. Hier können Sie auch nach Herzenslust lachen und diskutieren. Verboten

ICH BIN HIER BEI DER ARBEIT – NICHT AUF DER FLUCHT!

ist nur Schunkeln und lautes Singen, denn das darf man nur zweimal im Jahr, nämlich zu »Wiever-Fastelovend« (Weiberfastnacht) und »Rusemondaach« (Rosenmontag). Brauhaus und Kölsch-Kneipe haben eins gemeinsam: die Gemütlichkeit und das leckere Kölsch. Damit diese Institutionen auch weiterhin so bleiben, sollte man schon die eine oder andere Spielregel in Kauf nehmen. Doch alle diese ungeschriebenen Regeln sind das Ergebnis langjähriger Erfahrungen und haben sich über viele Jahrzehnte bewährt. Sie mögen in den alten Brauhäusern anno 1900 etwas anders gewesen sein als heute, aber sie gelten bis heute in unsere Zeit.

Als nach dem Zweiten Weltkrieg in der ersten Aufbauwelle die einzelnen Brauhäuser wiedererrichtet wurden, orientierte man sich klugerweise an den Vorkriegs-Vorbildern und stellte die alten Interieurs mit einigen kleinen Abweichungen wieder her. Dunkel gebeizte holzgetäfelte Wände und blank gescheuerte Tische hielten erneut Einzug. So entstand eine Kontinuität, die sich bis heute erhalten hat. Die Innenausstattung des heutigen Brauhauses Päffgen in der Friesenstraße unterscheidet sich im Wesentlichen nur durch den Einbau moderner Lüftungs-, Heizungs- und Sanitäranlagen von dem ehemaligen Aussehen in der Vorkriegszeit. Doch Köbes und Kranz, Krüstchen und Kies sind noch von der gleichen Art, wie sie auch schon in der so genannten »guten alten Zeit« existierten. Nur die Gäste haben sich natürlich in Aussehen und Kleidung der neuen Zeit angepasst.

Wer an einem Samstagabend im Sommer durch die Friesenstraße schlendert, der muss sich durch eine Wand von jungen Leuten zwängen, die auf dem Bürgersteig vor den zahlreichen Kneipen stehen und *fun* haben. Auch hier fließt das Kölsch in Strömen, allerdings nicht stilgerecht aus dem Kölschglas, sondern aus der modischen »Longneck-Flasche«, aus der man ohne Glas trinkt. Doch wenn sich auch die Trinkgewohnheiten geändert haben, eines gilt nach wie vor: Kölsch gehört dazu, wo immer man sich trifft, ob Alt, ob Jung.

Zum Schluss seien hier noch zwei der Leitsprüche erwähnt, die aus dem »Kölschen Grundgesetz« stammen und deshalb auch im Brauhaus ihre volle Gültigkeit haben: »Jeck loss Jeck elans« und »Jede Jeck es anders« – Toleranz op kölsch. Denn nichts hasst der Kölner mehr als »Protest«, Zoff oder einfach Streit. Den will er nicht, denn der stört ihn bei seiner Lieblingstätigkeit: Essen, Trinken und »Verzäll« halten. Sein Bedürfnis nach Harmonie geht ihm über alles. Dem trägt auch eine alte Brauhausweisheit Rechnung, die da lautet: »Willste em Bräues Spektakel maache, bliev leever doheim un däu mr dr Naache!«

Kölsch ist Sprache und Nationalgetränk

In Köln heißt das obergärige, helle Bier, das hier in noch immer zahlreichen Brauereien gebraut wird: Kölsch. Es trägt denselben Namen wie die Sprache, die man hier spricht. Man trinkt und spricht »Kölsch«. Dem Siegeszug, den das obergärige Kölsch nach dem Zweiten Weltkrieg antrat – in der Vorkriegszeit war es chic, untergäriges Pils und Export zu brauen und zu trinken – folgte auch eine Renaissance der kölschen Sprache.

Es begann in der Musik, als Gruppen wie »Bläck Föss«, BAP, Höhner und andere mehr das Kölsch in ihren Liedern bundesweit bekannt und beliebt machten. In Saarbrücken und Hamburg sangen die Kids die Songs dieser Bands, die sie, wie bei manch englischem Text, manchmal gar nicht verstanden. Es sprach sich langsam rum, das in Köln immer »jet loss« ist. Der Südstadt-Tourismus der Bergheimer wanderte nach Nippes und heute in die Friesenstraße. Man spricht hier aber Kölsch und trinkt Kölsch – allen Verlockungen auswärtiger Getränkeanbieter zum Trotz.

Es wird auch viel gelacht am Rhein, und das nicht nur im Karneval. Von Köln und Bonn aus nahm die »Comedy-Welle« in ganz Deutschland ihren Anfang. Vor allem Jürgen Becker und Wilfried Schmickler, die »Stunk-Sitzung« und viele zugereiste Komödianten (Dieter Hüsch, Konrad Beikircher, Rüdiger Hoffmann u.a.) bereicherten die Kölner Szene. Rheinischer Humor wurde überlagert von kölschem Mutterwitz und gewürzt mit kreativen Einflüssen von außen. Es entstand eine komödiantische Mischung, die überregional Anklang fand. Dabei gab es sogar so extreme Spielarten wie »Sirtaki op kölsch«.

Oft wird aber von Fremden und Nichtkölnern behauptet, der kölsche Humor sei plump und allzu rustikal. Das mag so sein, denn der rheinische Humor ist in seiner Fülle und Tiefe, laut Professor Heinrich Lützeler, aus dem Sein des Menschen zu verstehen. Das ist hier am Rhein nicht anders als in Bayern und in der Pfalz. Der Kölner ficht nicht mit dem Florett, der kölsche Buur haut mit dem Dreschflegel drauf – im Leben wie auch in seiner Art von Humor. Nun liegt es oft daran, dass Auswärtige der kölschen Sprache nicht mächtig genug sind, um die Feinheiten zu verstehen, die sich die Einheimischen gegenseitig an den Kopf werfen. Auch das trägt zu gelegentlichen Missdeutungen bei. Nun soll man als Kölner nicht so weit gehen und Hochdeutsch als erste Fremdsprache angeben, doch würde manches kölsche Gespräch in Hochdeutsch einen ganz anderen, unerwarteten Verlauf nehmen. Der Kölner Dialekt hält sich immer noch ein Hintertürchen auf, um die schlimmsten Grobheiten und Beleidigungen zu vermeiden. Ein Beispiel ist, die Grobheit in eine Frage zu kleiden: »Kann et sinn, dat du e besje beklopp bess«? – Das kann man ja dann einfach verneinen, und so wird der Gang zum Schiedsmann vermieden.

Es ist nun bestimmt kein Zufall, dass *Kölsch* das gleiche Wort für das heißgeliebte Nationalgetränk und für die praktizierte Muttersprache ist.

Sprache und Mensch sind die unerlässliche Basis für Witz und Humor. Beginnen wir also einfach mit dem kölschen Menschen. Der typische Kölner ist ein Mischprodukt, dessen uralte bandkeramische, eburonisch-ubische Wurzeln in einer ständigen Zuführung fremden beziehungsweise frischen Blutes aufgemischt wurden. Es folgten fast 400 Jahre römisch-imperialer Einflüsse, die dann ab dem 6. Jahrhundert von fränkisch-christlichem Gedankengut dominiert werden. Der religiöse Grundstein im kölschen Wesen wird gelegt, wenn auch bestimmt noch ein guter Teil Heidnisches als Bodensatz vorhanden war. Um die Jahrtausendwende beginnt sich Köln als *Großstadt* (im damaligen Sinne große Stadt) zu etablieren, womit gleichzeitig auch der Grundstein für den kölschen Witz und Humor, der eine städtische Errungenschaft ist, gelegt wurde, da nur in den Städten viele Menschen zusammen waren und so auch nur hier diese geistige Auseinandersetzung stattfinden konnte. Der kölsche Humor ist deshalb eine Mischung aus niederrheinisch-bäuerlicher Vitalität und kontaktreichem städtischem Umgang miteinander.

Obwohl die mittelalterliche Stadt Köln geschützt durch ihre mächtigen Stadtmauern und Befestigungsanlagen jahrhundertelang geographisch in einer gewissen Isolation lebte, blieb der Geist durch Handel und Wandel offen. Auch wenn es (zu allen Zeiten) gewisse kirchliche Strömungen gab, die sich einen eher autoritätshörigen Katholizismus gewünscht hätten. Es entstand hier kein Ghetto-Humor, der sich nur um die eigene Achse dreht. Der Kölner, durch seine zahlreichen europäischen Handelskontakte und den nie versiegenden Pilgerstrom ins *Rom des Nordens*, war Weltbürger. In der Touristenstadt des 18. und 19. Jahrhunderts wurde dieser Trend noch verstärkt. Der Fremde war in Köln die Regel, nicht die Ausnahme, und da die fremden Gäste vor allem auch in der Gastronomie verkehrten, spielen im Brauhaus und in der Kneipe auch viele kölsche Witze.

Die relativ kurze Zeit der französischen Besetzung unter Napoleon öffnete der an sich fremden französischen Sprache den Eingang ins Kölsche. Worte wurden okkupiert und bis zur Unkenntlichkeit verändert übernommen. »Fisternöll« (fils de Noel = uneheliches Kind) und »Muckefuck« (mocca faux = falscher Kaffee) sind nur einige heute noch gebräuchliche Begriffe aus dieser Zeit. Die Zeit mit Preußens Glanz und Gloria bescherte Köln außer der Fertigstellung des Domes auch noch ein vorher nicht gekanntes Element, den Kommiss, das Militär. In der Festungsstadt Köln dienten Soldaten aus dem ganzen deutschen Reich, besonders aber aus dem Osten. Die Namensendungen *»-ewski«* und *»-owski«* sind deutlicher Beweis für diese Entwicklung und fanden ihren Protagonisten im Schutzmann »Schnäutzerkowski« des kölschen Hänneschen-Theaters.

Wenn man bedenkt, dass sich die gesamte Kölner Bevölkerung zwischen dem Jahre 1850 und heute – in knapp 150 Jahren – von 100.000 auf 1 Million vergrößert hat, so gab das einen weiteren »Misch-Schub«. Nach Ubiern, Römern, Franken und Franzosen kamen jetzt Eifeler und Elsässer, Bergische und Berliner Beamte, Wallonen und Westerwälder, Moselaner und Münsterländer, Niederrheiner und Niederländer, die ganze Palette der durch die industrielle Revolution in die Stadt Köln gespülten Massen. Alle brachten natürlich auch einen Teil ihres eigenen Humors mit ein, der die Mischung, wie eine raffinierte Speise, noch verfeinerte. Diese Menschen begannen ihre Existenz meist in bescheidenen Verhältnissen, und die Umstände erforderten ein gewisses Maß an Solidarität und Wir-Gefühl. Das Ergebnis ist Humor ohne Häme, aber nicht auf Kosten von Minderheiten, sieht man einmal von den »Kappesbuure« des Vorgebirges ab, die aber im Grunde irgendwie aus der eigenen Familie stammen. Die Mischung von Menschen und Schicksalen brachte auch eine nicht unbeträchtliche Zahl an so genannten kölschen Originalen hervor. Das waren keine Phantome oder Witzfiguren wie Tünnes und Schäl, das waren historische Personen aus Fleisch und Blut, die durch irgendeine Tat oder spezielle Eigenart aus der Menge der Kölner herausragten. Zu ihrer Zeit kannte sie jeder, aber sie verschwanden mit dem ständigen Anwachsen der Stadt in nicht mehr für alle überschaubare Dimensionen. Doch noch heute kennt man die Namen und Taten von Leuten wie: Der »Orgels-Palm«, der »Fressklötsch«, die »Läsche Naas«, der »Möler Bock«, der »Lehrer Welch«, das »Fleuten-Arnöldchen« und das »Zibingemännche«. Auch die Brauer sind unter diesen Originalen würdig vertreten. Der »Schäbens Tünn«, eigentlich Anton Hubert Scheben, Neffe des berühmten Wilhelm Scheben und Bierbrauer im Braubaus »Zur Zweipann« in der Breite Straße, war ein ständiger Quell für Anekdoten und Histörchen. Ebenso sein Berufskollege »Döres met dem Plagge«, Theodor Töller, Gastwirt im Brauhaus Töller in der Weyerstraße.

Echter Kölner als Lebensziel, ist das möglich? – Die Antwort auf diese Frage ist ein uneingeschränktes »Ja!«. In vielen deutschen Großstädten wie Hamburg, München, Frankfurt oder Bremen wird man trotz jahrelangem Aufenthalt nie so ganz akzeptiert und in den inneren Kreis aufgenommen; echter Münchner kann man als »Preiß« nie werden. Die Bundeshauptstadt Berlin ist hier, wahrscheinlich auch wegen des ähnlich gelagerten soziologischen »Mischungs-Verhältnisses«, die lobenswerte Ausnahme. Doch Hamburger und Bremer wird man erst nach Jahrhunderten. Die Kölner dagegen, vielleicht aus Erfahrung der eigenen gemischten Identität, geben jedem Neubürger die Chance, sich zu integrieren. Die Persönlichkeit, das Auftreten, die berufliche Leistung und die Mitarbeit am gesellschaftlichen Leben sind entscheidend, nicht der Name oder die jahrhundertealte Familientradition. Jeder hat den »kölschen Marschallstab« im Tornister.

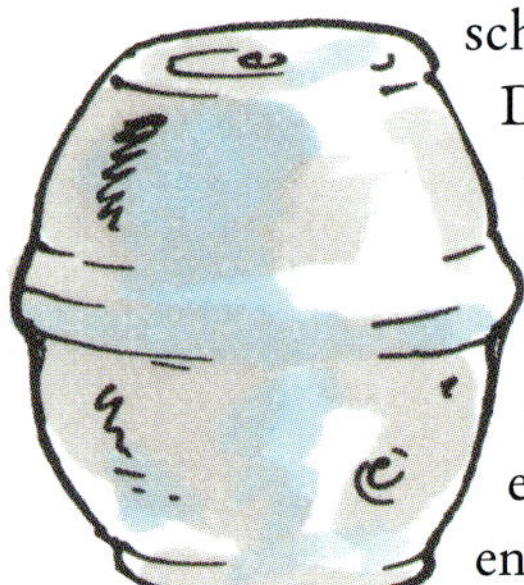

Hilfreich ist allerdings eine gewisse Zurückhaltung. Man sollte vermeiden, in allzu kurzer Zeit Dialekt-Defizite aufholen zu wollen. Es gibt auch heute schon *echte Kölsche* mit Akzent, und spätestens in der nächsten Generation ist das sowieso kein Thema mehr. Wie weit die Identifikation mit der Stadt und ihrer attraktiven Lebensart reicht, mag eine fiktive Anekdote aus dem Urlaub kennzeichnen, wo sich Menschen auf die Frage nach ihrem Herkunftsort folgendermaßen äußern: »Wo kommen Sie denn her?« – »Aus Köln!« – »Direkt?« – »Nee, aus einem Vorort.« – »Aus welchem denn?« – »Aus Prümm!«

Witze nennt der Kölner »Krätzcher«. Sie sind für zugereiste Kölner, so genannte »Imis«, nicht immer verständlich, da man Kölner Witze nur unvollkommen ins Hochdeutsche übersetzen kann. Hier sind nicht die platten Tünnes und Schäl-Scherze gemeint, die in veränderter Form so fast überall spielen könnten, der Nährboden des Krätzchens ist die Situationskomik, die Gemütlichkeit, fröhliches Behagen, »Genüglichkeit«; das Krätzchen ist harmlose, herzliche, deftige Freundschafts-Nahrung von Nachbar zu Nachbar. Durchschauen von Schwächen, ohne darauf herumzureiten.

Gereimte Saache

En Weetschaff en Kölle

Wat soll mer verzälle
üwer en Weetschaff en Kölle.
Vielleich e paar Saache,
wat se do all maache.
Die Ahle, die Junge,
die Helle, die Brunge,
die Riche, die Ärme,
Heteros un Wärme,
die Wiever, die Männer,
Maloocher un Penner,
Kraate un Rabaue,
Dumme un Schlaue,
die Ruhige, die Laute,
un die janz Versaute,
die Ruude, die Schwatze,
die Hüngk un die Katze,
koot un joot, all die Lügk,
die mer triff met dr Zigk,
um sich jet zu bestelle
en dr Weetschaft en Kölle.

Su en Weetschaft em Veedel
es löstich – nit edel.
Et jit Kölsch vum Faß
un ab un zo Spaß.
Verzelle un schwaade,
op dr Köbes waade,
e Ründche Mau Mau,
zwei, drei Schabau,
besje jet laache,
ene Deckel maache,
dem Pitter sing Frische
mem Schäng erwische.

Drei Kölsch op ene Blender,
de Tüüt am Jeländer,
FC hätt gewunne,
»wä kritt decke Bunne«?,
dr Weet ens koot foppe,
e Solei opkloppe,
av un zo jet fiere,
jet politisiere
üwer ahl Kamelle,
en dr Weetschaft in Kölle.

He kann mr se treffe,
dr Ohm met dem Neffe,
vier Junge us dem Levve,
zwei blieve klevve,
dä Jupp un dä Löhr,
frisch vum Frisör.
Dä Stief vun dr Stadt,
dem sing Auto es platt.
Dat Griet met dem Paula
kummen jrat us Callelja,
brung wie de Wöösch, ävver
frisch gebösch, –
natürlich vum Frisör.
»Dun mer noch ene Likör'!
Fortuna verlore,
e Kind jebore.
Jet Julasch met Bruud,
»Dä Häns es duud!«
Losse mer noch jet laache
üwer all die Saache,
die se sich he verzälle
en dr Weetschaft en Kölle.

Klüngele

Am Rhing, ävver och em janze Land
es dr kölsche Klüngel joot bekannt.
Mer hätt sing Fründe en dr Partei,
ob ruut, ob schwatz es einerlei.
Beim Hännesje-Thiater un beim FC,
bei dr Fortuna un dr KVB.

Om Amp un bei dr Feuerwehr,
ene joode Schullfründ hilf do sehr.
Die Knöllchensfrau om Eijelstein,
dat es die Frau vun unserm Hein.
Mer klüngelt em Dom un en dr Bütt,
wie schön dat et dat in Kölle jitt.

De Sproch beim klüngele es Kölsch,
Hochdeutsch mäht do nur Gemölch.
Doch halt beim Klüngele stets Moß,
un denk, et es kein Einbahnstroß.
Su klüngelt he jeder su joot hä kann,
e Glöck dat mer dä Klüngel hann!

Doch manche Immi versteiht dat nit,
dat mer och ens jet dä andere jitt,
un nit nur alles in de eijene Täsch,
suns lands de plötzlich en dr Blech.
Denn in Kölle weiß dr dümmste Püngel:
Korruption es keine Klüngel.

Alte kölsche Klüngelweisheit:

»Die jet saaje, wesse nix –
un die jet wesse, saaje nix!«

Ene decke Kopp

Nääã, wat wor dat jester widder spät!
Ene feuchtfröhliche Ovend – wie mer su säht,
mer schwaad, mer iß, mer drink, mer laach
un plötzlich es et Meddernaach.

Mer jeiht no Hus, mäht sich kein Sorje,
läät sich en et Bett un denk nit an Morje.
Waach op in dr Fröh un föhlt sich mies,
lurt in dr Speegel, et Geseech kalkwieß.

De Auje sin ruut, de Knee sin weich,
de Hoar dun dr wieh, dr Teng es bleich,
dr Hals es drüch, dr Kopp es schwer,
nu muß e wirksam Meddel her.

Dr Ehzte schwört op e Aspirin,
dr Zweite läht sich widder hin,
dr Dritte drink ene Majelikör,
dr Vierte geiht einfach nom Frisör,
dr Fünfte drink vier Flasche Sprudel,
dr Sechste spillt met singem Pudel,
dr Sibbte dä verflucht dr Suff,
dr Achte well nur fresche Luff,
dr Nüngte ne Sure Hirring bestellt,
dr Zehnte zählt si Taschejeld,
dr Elfte meld sich pötzlich krank
un läht sich op de Sonnebank,
nur dä Zwölfte, dä es schlau,
denn dä weiß dat eine janz genau:
Drei Tage is dr Vater krank,
nu süff hä widder – Jott sei Dank!

Ene joode Fründ

Mer kann nit immer
löstich sinn
un iwich bovvenop,
hin un widder schleiht et Schicksal zo
un häut dich op dr Kopp.

Dann darfste nit dr Moot verliere
un nit de Loss am Laache,
et kütt och widder andersröm
un du kanns Freud dr maache.

Doch wenn et jarnit wigger will
un dir nur Sorje winke,
dann treff dich met enem joode Fründ
un dunn e Jläsje drinke.

Drinkt e paar Bier, ob Kölsch ob Wieß,
de Zort es janz ejal,
ene Verzell, ene joode Rot,
hilf bei so mancher Qual.

Doch wenn et widder besser geiht
un all de Sorch verjesse,
verjiß en nit, dä joode Fründ,
dä bei Dir hätt jesesse.

Un wenn dä ens ding Hilfe bruch,
beß och tireck zur Stell,
hür dir dann och sing Surje an
un hilf och du ihm schnell.

Immer nur Kölle

Losse mer jet durch Kölle wandere
vun einem Bräues in et andere:
vum Dom erav zom Jan vun Wäht,
dä waht noch immer op si Pääd.
Dobei e paar Kölsch, ne halve Hahn,
do kütt esu schnell nix jägen ahn.

Losse mer jet üvver Kölle laache,
wat se dun un wat se maache:
die Präsedente un Honoratiore,
un die Boore wie se loore.
Dobei e paar Kölsch, ne halve Hahn
do kütt esu schnell nix jägen ahn.

Losse mer jet üvver Kölle schänge
die kölsche Siel zom koche bränge:
de Stüür, de Pries un der FC,
kein Arbeit, nix em Portemoneie.
Dobei e paar Kölsch, ne halve Hahn,
do kütt esu schnell nix jägen ahn.

Losse mer immer zo Kölle stonn,
wenn och ens schlääch de Zigge jonn:
Denn jede Kölsche – ob Mann, ob Frau,
die wessen eines janz genau:
e paar Gläser Kölsch, ne halve Hahn,
do kütt esu schnell nix jägen ahn.

Kölsche Spetzname

Wenn mich einer fröch: »Kenns'te dä X«,
su säht mir dat doch meistens nix.
Doch wenn hä dann dä Spetzname nennt,
weiß jeder tireck, offmer dä kennt.
Denn jeder Kölsche hätt nur su zum Spaß,
noch ene Extra-Name, dä joot zu ihm paß.

Do jitt et »die Trumm« oder och »die Tröö t«,
dat es einer dä jähn Musik mäht.
Dä »Schmaal« och »Sparjel-Tarzan« jenannt,
es für sing schlanke Linie bekannt.

Dä »Fuss« hät de falsche Panne om Daach,
dä »Grieläch er« jähn üvver andere laach.
Dä »Plaaat« ihren Haupteshaaresmangel,
dä zeuch vun Puff un Tingeltangel.

Die »Duuv« die hät schnell de Flitz gemaat,
un hat keinem jet dovun jesaat.
Dä »Blender« es miestens stief un staats.
un arbeid – wenn schun – miestens naachs.

Dojegen waat dä »Liebeskummer«
noch immer op sing jroße Nummer.
Ne jroße Zinke hät die »Naas«,
die steck hä beim drinke deef in et Jlas.

Dat »Schneeflöckche«, dat weiß ein jeder,
es esu leicht wie eine Feder.
Dojegen hätt dä »Kastekopp«
enen eckigen Ääpel boven drop.

Deshalb spillt et kein Roll, wie m'r sich nennt,
wenn mer nur singen »richtige« Name kennt.
Die »Äähz«, die »Bunn«, oder dä »Büggel«,
die »Flitsch«, die »Knoll«, dä »Tütenüggel«.
In Kölle hät eben jedermann,
ene Name, dä mer sich och merke kann.

Wenn ich fleeje künnt …

… flööch ich üvver Wies un Felder,
üvver Birch un üvver Wälder,
huh im helle Sunnesching.
Nevve mir ene Schwarm vun Finke,
die mir met de Flüjele winke,
unger mir dr Vatter Rhing.

… flööch ich üvver Dom un Bröcke,
die janz noh zusamme röcke
un tireck zum Hemmel op.
Üvver Plätz un üvver Stroße,
däht ich dann jet falle loße –
irjend einem op dr Kopp.

Dun mer nix verzälle

Für manche Lück et nix schöneres jitt,
wenn et nur fähn vun dr Heimat litt.
In NewYork üvver dr Broadway jonn,
in Rom vürm Kolosseum stonn,
in Paris ens op dr Eiffelturm klemme
in London dürch de Themse schwemme,
met der Seilbahn op dr Zuckerhoot,
no'm Amazonas met dem Boot,
me'm Rucksack op dr Himalaya
un dann me'm Rad an de Biskaya,
om Esel quer durch Turkistan,
dann wigger met dr Iesebahn.
Späder künne se vill berichte
die interessanteste Geschichte …
… die künne mir all vill verzälle,
et jitt nix schöneres als Kölle.

Dr Köbes

Et jitt ene Kähl, dä jeder kennt
un dä mer in Kölle »Köbes« nennt.
Dat heiß eijentlich Jakob, doch su nennt mer se all.
Ob Schäng, ob Pitter, ob Hannibal.

Hä hät im Bräues et Regiment
un et es joot, wenn hä dich kennt.
Denn hä entscheidet im Fall der Fälle
üvver Kölsch, Halven Hahn un Frikadelle.

Em Sommer, em blaue Hemb adrett
en lange Schützel, dr Schlössel an dr Kett.
Im Winter en blauwülle Jack aanjedonn,
su sieht mer en dann am Zapphahn stonn.

He füllt hä die Stanje em zinnerne Kranz,
huh gezapp die Gläser em güldene Jlanz.
Et Kölsch schümp huh, et leckere Bierche,
für Alt un Jung e äsch Pläsierche.

Un damit Temperatur un Geschmack deiht stemme,
deiht och dr Köbes jään e Jlas nehmme.
Dann luurt hä dr Gast an met treuem Bleck
un säht: »E besje kühl es et widder hück«.

Hä brängk dir dann Flöns oder Levverwoosch
un Kölsch im Kranz, fresch für dr Doosch.
Doch wie un wann, dat es sing Saach,
dröm freu Dich, wenn dr Köbes laach.

Doch e paar Gesetze muß Do kapiere,
öm Dich im Bräues nit zo blamiere.
Roof nie »Wo bleibt mein Bier, Herr Ober?«,
et künnt sinn, du waats bes Oktober.

Doch alles in allem kannst Du ihn nit misse,
hä surch für die Wohl op Ihr un Jewesse,
hä surch für die Esse un dingen Doosch,
hä es alles in allem, ene prächtije Poosch.

En Bien em Bier

Du setz em Jaade un drinks dr e Bier,
do kütt et jefloje, dat lästige Dier.
Et summp un brummp eröm öm et Jlas,
stipp dr Rüssel eren, un dann de Naas

Du denks an dä Stachel, en decke Lipp,
schnell dr Deckel op et Jlas gekipp
un düchtig jeschöddelt et volle Jlas,
dann versüff et em Bier, dat jierije Aas.

Doch dann häste Mitleid un denks dir nur,
se hätt doch och Doosch, die Kreatur
Ihr schmeck et doch och, dat lecker Bierche,
dröm jönn och dem Diersche sie Pläsierche.

Die Bien süff un süff, hürt jar nit mieh op,
du klopps ihr ärgerlich op dr Kopp,
do mäht se ne Köpper, tirek en die Flut –
eijentlich doch ene schöne Duud.

Das reich verzierte Kontörchen im ehemaligen Brauhaus »Em Krützje« (20er Jahre d. 20. Jh.)

Wörterverzeichnis

Aähzezupp ist Erbsensuppe.

Akzise ist der mittelalterliche Name für Steuern. Hauptsteuer war die Biersteuer. Der 1205 eingeführte Bierpfennig finanzierte der Stadt Köln maßgeblich den Bau der großen Stadtmauer, die jahrhundertelang die Kölner vor allen feindlichen Angriffen schützte.

Altbier ist ein obergäriges Bier, das auf die vor Zeiten allgemein übliche Brauweise zurückgeht, daher der Name »Alt«. Zu seiner Herstellung wird obergärige Hefe verwendet, die den Gärprozess beschleunigt und dem Bier seinen fruchtigen Charakter verleiht. – Altbier-Hochburg ist Düsseldorf. Das dunkle, hopfenbittere Alt hat weniger Kohlensäure und bildet infolgedessen auch weniger Schaum als Pils. Es wird aus den typischen, dünnwandigen Gläsern, den so genannten Altbier-Bechern (Bierglas) getrunken.

Beim **Ausschank** werden zwei Arten unterschieden: Aus der Leitung, wobei sich das Fass im gut gekühlten Keller befindet und durch eine

Bierleitung mit Druck nach oben in den Zapfhahn gedrückt wird. Oder man zapft »vom Bock«, das bedeutet, dass die Fässer aus dem Kühlkeller insgesamt nach oben auf die Zapfbank gebracht werden und dort direkt aus dem Hahn ins Glas gezapft werden. Letztere Methode wenden vor allem die Hausbrauereien und die meisten Brauhäuser an.

Der **Baas** ist der Brauherr.

Das **Banneressen** veranstaltet ein Bannerherr. Bannerherren waren im Mittelalter und in der reichsstädtischen Zeit bis zur Franzosenherrschaft die Obersten einer Zunft. Als Zeichen ihrer Wertschätzung überreichten ihm seine Zunftgenossen ein goldenes Kränzchen, er revanchierte sich mit einem üppigen »Kränzchensessen«, das auch »Banneressen« genannt wurde.

Die **Bierherren,** auch Bierkieser genannt, kontrollierten die Bierqualität.

Bierkieser *(siehe Bierherren).*

Der **Bierpfennig** wurde 1205 als Biersteuer in Köln und Umgebung eingeführt.

Brandewing ist der kölsche Name für Branntwein.

Brung ist ein dunkles, ungefiltertes Obergäriges (zum Beispiel Alt-Bier).

Bunnezupp ist Bohnensuppe.

Bursen hießen damalige Internatsschulen.

Darren heißt das Rösten des Malzes, hierbei entscheidet sich, wie hell oder dunkel ein Bier wird.

Decke Bunne met Speck sind dicke Bohnen mit Speck, ein beliebtes kölsches Gericht.

Flönz met Öllig (Blutwurst mit Zwiebeln) ist eine kölsche Spezialität.

Die **Fooderkaat** nennt man in Köln die Speisekarte in den Brauhäusern. Hier findet der Gast alle die Köstlichkeiten, die die kölsche Küche zu bieten hat.

Fuustekies ist der kölsche Name für Mainzer Käse.

Gaffeln hießen die 22 Vereinigungen der einzelnen Handwerker- und Kaufmannsgruppen, die nach der Unterzeichnung des Verbundbriefes 1396 den Rat der Stadt Köln bildeten. Im Einzelnen waren das: 1. Das Wollamt (Tuchmacher und Färber), 2. die Rittergaffel Eisenmarkt, 3. die Rittergaffel Schwarzhaus (hier war Hermann von Weinsberg Mitglied), 4. die Goldschmiedezunft, 5. die Rittergaffel Windeck, 6. die Bundwerkerzunft, 7. die Rittergaffel Himmelreich, 8. die Malerzunft, 9. die Rittergaffel von den Ahren, 10. die Steinmetzzunft, 11. die Schmiedezunft, 12. die Bäckerzunft, 13. die Brauerzunft, 14. die Gürtelmacherzunft, 15. die Fleischhauerzunft, 16. die Fischmengerzunft, 17. die Schneiderzunft, 18. die Schuhmacherzunft, 19. die Harnischmacherzunft, 20. die Kannegießerzunft, 21. die Fassbinderzunft, 22. die Leinenweberzunft.

Die **Gruit** war ein Gemenge, das vor dem Aufkommen des Hopfens einen Grundstoff des Bieres bildete. Sie war Würze und machte das Bier länger haltbar. Hauptbestandteile der Gruit waren Kräuter, Pflanzen und ätherische Öle. Es handelte sich im Einzelnen um Weidenrinde, Faulbaumrinde, Enzian, Tausendgüldenkraut, Fieberklee, Anis, Cardobenediktinerkraut, Cassiaholz, Aloe, Isländisch Moos, Eichenblätter, Besenginster, Koriander, Kockelskörner und andere Bestandteile mehr. Zum ersten Mal in Köln erwähnt wird sie 1154 in einer Urkunde des Stifts Maria im Kapitol.

Das **Gruitbier** war das Bier, welches – vor der Einführung des Hopfens – auf Basis verschiedener Kräutermischungen gebraut wurde.

Das **Gruitgeld** war die Abgabe auf die zum Brauen benötigte Kräutermischung.

Die **Gruitgerechtigkeit** war das Recht, eine Abgabe auf die zum Brauen benutzte Kräutermischung zu erheben.

Gruithaus wurde das städtische Gebäude am Marienplatz genannt, in dem die Gruitherstellung als Gruitmonopol des Erzbischofs stattfand. Die Gruitherstellung unterlag einem Betriebsgeheimnis. Es gab mehrere dieser Häuser in der Stadt.

Das **Gruitmonopol** zwang die Brauer, die zur Herstellung des Bieres notwendige Kräutermischung beim kirchlichen Monopolhandel zu beziehen.

Grünmalz entsteht nach etwa sieben Tagen aus dem Keimgut der Gerste durch Quellen. Es wird zum Rösten auf die Darre gebracht.

Ein **Halver Hahn** ist ein knuspriges Röggelchen (Roggenbrötchen) mit Butter und einer Scheibe Holländer Käse. Dazu gehört der obligatorische »Mostert«, der mittelscharfe Senf, der auf jeden klassischen Brauhaustisch gehört. Der historische Hintergrund des »halven Hahn« stammt aus dem Brauhaus Bank Lölgen an der Hohen Pforte, wo der schlitzohrige Wirt Vierkötter dem Stammtisch anstatt eines halben Hähnchens ein Käsebrötchen servierte.

Hämche met suure Kappes (Eisbein mit Sauerkraut) ist eine kölsche Spezialität.

Das **Hängestüffge** ist ein Zwischengeschoss. Seit 1500 waren Hängestüffgen in Kölner Wirtschaften üblich. Heute kann man im Sünner-Brauhaus »Zum Walfisch« in der Salzgasse ein solches Hängestüffge besichtigen.

Heckenwirt (Hökenbrauer) wurde ein Wirt genannt, der schwarz Bier braute.

Himmel un Äd (Himmel und Erde) ist eine kölsche Spezialität aus Kartoffeln und Äpfeln.

Ein **Hochgezapftes** ist ein halbes 0,2-Liter-Glas Kölsch.

Hökenbrauer *(siehe Heckenwirt)*

Holzfahrtag nannte man den Tag im Jahr, an dem sich die Bürger (zur eigenen Sicherheit) in größeren Gruppen außerhalb der Stadtmauern begaben. Dort trafen sie sich im »Ossendorfer Wäldchen«, um Brennholz zu schlagen und dies in die Stadt zu transportieren. Nach der Arbeit sammelten sich alle Gruppen, wie zum Beispiel auch die Brauergaffel, und marschierten zurück in die Stadt. In Fünferreihen mit Rüstung und Fahne, vor ihnen hundert Bürger zu Pferd. Sie zogen dann feierlich über den Eigelstein zum Heumarkt. Hier löste sich der Zug auf, und jede Gaffel begab sich in ihr Domizil, die Brauer etwa in ihr Brauerzunfthaus auf der Schildergasse. Gaffeln, die außerhalb der Stadt Schießübungen abgehalten hatten, erhielten vom Rat zusätzlich einen Ratswein spendiert.

Hoppebier war der mittelalterliche Name für das mit einer Hopfenzugabe gebraute obergärige Bier (Hopfenbier), welches im 15. Jahrhundert das Gruitbier verdrängte.

Ein **Humpen** ist ein Bierkrug.

Keutebier ist obergäriges Bier auf Weizenbasis.

Knupp ist untergäriges Braunbier.

Kläävbotze werden die Brauhausgäste genannt, die einfach kein Ende finden können.

Köbes wird der Kellner im Kölner Brauhaus genannt. Köbes ist der Dialektname für Jakob.

Krätzcher ist das kölsche Wort für Witze.

Laumänner pumpen andere an, geben das geliehene Geld aber nicht zurück.

Levverwoosch wird im Kölschen die Leberwurst genannt.

Limenör ist der kölsche Name für Limburger Käse.

Linsezupp ist Linsensuppe.

Die **Maische** ist eine Würzmischung, die entsteht, wenn geschrotetes Malz mit Brauwasser gekocht wird. Dabei verwandelt sich die Stärke in Zucker.

Der **Malzpfennig** wurde als Malzsteuer erhoben.

Mälzen bedeutet mit Wasser befeuchtetes Getreide keimen lassen.

Meth hieß das Urbier der Kelten und Germanen. Es war aus geschrotetem Getreide gekocht und mit Honig vergoren. Später wurde das Getränk mit der Gruit versetzt, die das Bier haltbar machte.

Ein **Mini** ist ein kleines Kölsch im 0,1-Liter-Glas.

Mostert ist das kölsche Wort für Senf.

Pannekooche sind Pfannkuchen.

Rievkooche ist der kölsche Name für Reibekuchen. In anderen Gegenden sind Rievkooche auch als Reiberdatschi oder Kartoffelpuffer bekannt. Man isst sie mit Rübenkraut, Apfelmus, Tatar oder neuerdings auch mit geräuchertem Lachs.

Das Wort **Schabau** kommt von »Vinum sabaudum« (Savoyer Wein). Es handelt sich um den Kornbranntwein, auch scherzhaft »Silber-Sherry« oder »Getreide-Kaltschale« genannt. In den letzten Jahrzehnten führt der »Schabau« in den Kneipen ein Schattendasein.

Schnett bedeutet auf Hochdeutsch »Schnitt« und war ein kleines Kölsch (0,10 Liter) für nur 5 Reichspfennige, das in der entbehrungsreichen Zeit während des Ersten Weltkrieges in einigen Kneipen verkauft wurde.

Spelzen sind die ausgekochten Getreidereste, die aus der Maische ausgefiltert werden.

Schäng ist der Dialektname für Jean oder zu Deutsch Johann.

Schankbier wird das Bier mit dem niedrigsten Alkoholgehalt genannt.

Schruppsüffer trinken immer gern eine Runde mit, geben selbst aber nie eine aus.

Schwaadlappen ist die kölsche Bezeichnung für Schwätzer.

Starkbier hat seine Heimat hauptsächlich in Süddeutschland, wo es bei verschiedenen traditionellen Gelegenheiten gebraut und getrunken wird. Dort heißt es auch Bockbier. Es hat einen Stammwürzegehalt von 16 bis 28 Prozent und einen Alkoholgehalt von 5 bis 10 Prozent. In Köln kannte man im 19. Jahrhundert auch ein obergäriges Starkbier, das »Latzenbier« hieß und in der Zeit um Weihnachten getrunken wurde.

Stange wird das typische schlanke Glas für das obergärige Kölsch mit dem Eichstrich bei 0,2 Liter genannt.

Die **Sudpfanne** war früher meist aus Kupfer und der Stolz jeder besseren Brauerei. Die Kupferbehälter, Symbol eines traditionsreichen Gewerbes, garantierten gleichmäßige Wärme. Heute sind die Sudwerke aus Edelstahl, die allerdings manchmal eine Verkleidung aus Kupfer haben.

Das **Thekenschaaf**, auch Beichtstuhl genannt, gehört zu einem typischen Kölner Brauhaus. Es ist ein kleines verglastes Häuschen, früher oftmals reich verziert. Darin hat der »Baas« seinen Platz und sammelt die Biermarken vom Köbes, verkauft Schnäpse und Zigarren.

Veedel ist das kölsche Wort für das Stadtviertel, in dem ein Kölner wohnt.

Das **Vollbier** macht mit 99 Prozent die größte Gruppe am Biermarkt aus. In der Bundesrepublik werden die Biersorten in vier Gruppen eingeteilt: Einfachbier, Schankbier, Vollbier und Starkbier. Das hat brautechnische und steuerliche Gründe, denn die deutschen Biere werden nach ihrem Stammwürze- und Alkoholgehalt besteuert. Das Kölsch gehört zu den Vollbieren. Es hat zwischen 11,2 bis 11,8 Prozent Stammwürzegehalt – ein guter Mittelwert – und 3,5 bis 3,9 Prozent Alkohol.

Wieß ist ungefiltertes Kölsch.

Weet wird im kölschen Dialekt der Wirt genannt.

Die **Weetschaff** ist das Bierhaus, das kölsche Gasthaus, die typische kölsche Kneipe.

Weetshus wird im kölschen Dialekt das Wirtshaus genannt.

Dank

Ein Buch, besonders ein Sachbuch wie die »Kölsch Story«, schreibt man nie ganz allein, es gibt zu allen Zeiten Mitmenschen, die sich bereits intensiv mit diesem Thema beschäftigt haben und auf deren Erkenntnisse und Recherchen der Autor dankbar zurückgegriffen hat.

Denen möchten die beiden Buchmacher an dieser Stelle von Herzen danken, denn ohne ihre tatkräftige Hilfe wäre dieses Buch nicht zustande gekommen. Es sind dies vor allem der Vorsitzende des Kölner Brauerei-Verbandes, diplomierter Brauer und leidenschaftlicher Sammler von allem, was mit Köln und seiner Brau-Kultur zusammenhängt, Heinrich Becker, der auch das Vorwort zu diesem Buch geschrieben hat. Ebenfalls danken möchten wir der Privatbrauerei Heinrich Reissdorf, die uns liebenswürdiger Weise die Abbildung der HK Schrörs Cartoons ihrer Bierdeckelserie »Kölsche Köbes-Klaaf« zur Verfügung gestellt hat.

Sehr wahrscheinlich ist – wie immer – einer vergessen worden, dem wir aber auch an dieser Stelle ausdrücklich unseren Dank aussprechen möchten.

Literaturauswahl

Becker, Hermann: Köln vor 60 Jahren/Altkölnische Wirtshäuser. Rheinland-Verlag, Köln 1922

Bender, Franz: Illustrierte Geschichte der Stadt Köln. Verlag J.P. Bachem, Köln 1933

Biegel, Gerd/Schäfke, Werner: Geld aus Köln. Stadtsparkasse Köln 1979

Fischer, Gansohr, Heizmann, Herborn, Schultze-Berndt: Bierbrauen im Rheinland. Rheinland-Verlag, Köln 1985

Fuchs, Peter: Chronik zur Geschichte der Stadt Köln, Band 2, Greven Verlag, Köln 1991

Hässlin, Johann Jakob: Das Buch Weinsberg. Verlag J.P. Bachem, Köln 1990

Hoursch, August: Kölsche Krätzchen. Verlag Hoursch & Bechstedt, Köln 1925

Keusen, Hermann: Topographie der Stadt Köln im Mittelalter. Nachdruck, Droste-Verlag, Düsseldorf 1986

Klersch, Stockhausen, Vinz, Berg: Köln und sein Bier 1346/1946. Kölner Brauerei-Verband 1946

Lohberg, Rolf: Das große Lexikon vom Bier. Skripta Verlag, Stuttgart 1984

Lützeler, Heinrich: Philosophie des Kölner Humors. Peters-Verlag, Hanau/Main 1954

Mathar, Franz: Prosit Colonia! Greven Verlag Köln 1999

Mathar, Franz/Spiegel, Rudolf: Kölsche Bier- und Brauhäuser. Greven. Köln 1989

Mathar, Franz/Huiskes, Dr. Manfred/Schmitz, Dr. Wolfgang/Besselmann, Dr. Karl-Ferdinand: Zeugen Kölner Brau-Kultur. Ausstellungskatalog, Stadt Köln, Historisches Archiv, 1996

Palm, Johann: Neumarkt im Wandel der Jahrhunderte, Verlag der Mayerschen Buchhandlung, Köln 1989

Schäfke, Werner: Der Name der Freiheit 1288–1988. Stadt Köln 1988

Scheben, Wilhelm: Die Zunft der Brauer in Köln. Kommissions-Verlag von F.&W. Boisseree's Buchhandlung, Köln 1880

Signon, Helmut: Alle Straßen führen durch Köln. Greven Verlag, Köln 1975

Tietz-Lasotta, Irmgard: Kölnisches Stadtmuseum, Auswahlkatalog. Stadt Köln, 1984

Wirges, Helmut: Biergeschichte zwischen Rhein und Erft. Bienen-Verlag, Frechen-Bachem, 1994

Bildnachweis

Trotz größter Sorgfalt konnten die Urheber des Bildmaterials nicht in allen Fällen ermittelt werden. Es wird gegebenenfalls um Mitteilung gebeten.

Archiv August Sander 44, 93; Archiv Franz Mathar 39, 43, 65, 68, 79, 91, 112, 170; Brauerei Zur Malzmühle 116, 119, 120; Dominikaner Kloster Treviso 50; Germanisches Nationalmuseum Nürnberg 31, 81; KBV Kölner-Brauerei-Verband 123, 124; Kölnisches Stadtmuseum 106, 113; Lee Collection, University of London 40; Manessische Liederhandschrift - Unibibliothek Heidelberg 61; Privat Brauerei Heinrich Reissdorf 131, 132, 135, 139, 140, 141, 143, 144, 147, 148, 155, 156; Rheinisches Bildarchiv 46, 51, 85, 86, 87, 88, 89, 167; Sammlung Heinrich Becker 36, 37, 38, 41, 62, 69, 78, 92, 94, 96, 110, 130, 137, 152, 164, 168.

Franz Mathar, 1936 in Monschau geboren, ist seit vielen Jahren leidenschaftlicher Kölner und profunder Kenner und Chronist der Kölner Brauhistorie. Aus seiner Feder stammen zahlreiche Bücher, unter anderem »Köbes, noch e Kölsch«, »Prosit Colonia«. Sein erstes Buch (gemeinsam mit Rudolf Spiegel) »Kölsche Bier- und Brauhäuser« ist mittlerweile ein Klassiker der Kölschen Brauhaus- und Bierliteratur geworden.

KH (Karl-Heinz) Schrörs wurde 1949 in Hildesheim geboren, kam aber sofort nach der Geburt nach Köln. Bereits im Alter von vier Jahren zeichnete er – vor allem in der Gaststätte seiner Mutter, auf Bierdeckeln. Zweimal gewann er den Wettbewerb für das offizielle Kölner Karnevalsplakat des Verkehrsamtes der Stadt Köln. Heute arbeitet er vor allem für das Fernsehen.